Mirjam Zimmermann (Hg.)

Fragen im Religionsunterricht

Unterrichtsideen zu einer
schülerfragenorientierten Didaktik

Mit 27 Abbildungen

Vandenhoeck & Ruprecht

Bibliografische Information der Deutschen Nationalbibliothek
Die Deutsche Nationalbibliothek verzeichnet diese Publikation in der
Deutschen Nationalbibliografie; detaillierte bibliografische Daten sind
im Internet über http://dnb.d-nb.de abrufbar.

ISBN 978-3-525-77616-2
ISBN 978-3-647-77616-3 (E-Book)

Umschlagabbildung: Ruby soho/Fotolia.com

© 2013, Vandenhoeck & Ruprecht GmbH & Co. KG, Göttingen /
Vandenhoeck & Ruprecht LLC, Bristol, CT, U.S.A.
www.v-r.de
Alle Rechte vorbehalten. Das Werk und seine Teile sind urheberrechtlich
geschützt. Jede Verwertung in anderen als den gesetzlich zugelassenen Fällen
bedarf der vorherigen schriftlichen Einwilligung des Verlages.
Printed in Germany.
Satz: SchwabScantechnik, Göttingen
Druck und Bindung: ⊕ Hubert & Co., Göttingen

Gedruckt auf alterungsbeständigem Papier.

Inhalt

Einleitung 7

1 Zur Bedeutung des Themas 10
   1.1 Wie ist es um das Thema Schülerfragen im
      (Religions-)Unterricht bestellt? 12
   1.2 Welche Arten von Schülerfragen gibt es? 14
   1.3 Auf dem Weg zu einer »schülerfragenorientierten
      Didaktik« 18
   1.4 Wie kann man Schülerfragen fördern? –
      Methodische Ideen 20
   1.5 Checkliste: schülerfragenfreundlicher Unterricht 26

**2 Unterrichtsideen zu einer schülerfragen-
orientierten Didaktik – Primarstufe
(Orientierungsstufe)** 27
   2.1 »Es gibt eine Weisheit in den Fragen, aber es gibt
      keine Weisheit ohne Fragen.« – Ein Unterrichtsprojekt
      zum Kalenderbuch »So viele Fragen stellt das Leben«
      Rainer Oberthür 27
   2.2 »Den Palast des Fragens neu aufbauen«,
      »Sterben, Tod und Traurigkeit« – Ein »frag-würdiges«
      Thema im Religionsunterricht
      Martina Plieth 34
   2.3 »Warum gehst du in die Kirche?« – Schulkinder fragen
      Gemeindeglieder nach Kirche und Glauben
      Angela Heidler 51

3 Unterrichtsideen zu einer schülerfragenorientierten Didaktik – Sekundarstufe I 59

3.1 Kinder fragen – sind das »Kinderfragen«? Jüngere und ältere Schüler im Austausch – Ein Unterrichtsprojekt zum Schulanfang an der weiterführenden Schule
Romy Tenge 59

3.2 Ein theologisch-philosophisches »Kindercafé« als Ort, Fragen zu lernen – ein Praxisbericht
Gabriele Obst 68

3.3 Was verleiht dem Leben Sinn? – Ein Unterrichtsvorhaben zu Sinnfragen in Janne Tellers »Nichts« in einer 10. Klasse
Bärbel Husmann 75

4 Unterrichtsideen zu einer schülerfragenorientierten Didaktik – Sekundarstufe II 93

4.1 Orte für Antworten auf selbst gestellte Fragen zu biblischen Texten finden – Eine schulische Präsenzbibliothek für den Religionsunterricht
Christian Fabritz 93

4.2 »Verstehst du auch, was du liest?« (Apg 8,30b) – Annäherungen an die Bibel durch Fragen in einem Bibellesetagebuch als Unterrichtsprojekt
Wolf Eckhard Miethke 102

4.3 »Für mich gestorben!? – Was geht uns der Tod Jesu an?« Schüler stellen Fragen zum Tod Jesu
Oliver Arnhold 120

4.4 Schülerfragen als Weg zur Bildung diakonischer Kompetenzen
Gabriele Klappenecker 128

4.5 Fragen zur Christologie als strukturierendes Element in der Oberstufe
Harmjan Dam 141

Literatur 158

Autorinnen und Autoren 163

Einleitung

Amos Comenius empfiehlt seinen Schülern: »Vieles erfragen, Erfragtes behalten, Behaltenes lehren: Diese drei Dinge erheben den Schüler über den Meister.«[1]

»Gibt's noch Fragen?« Wie oft fällt diese Scheinfrage wohl täglich in deutschen Klassenzimmern. Nur sehr selten kommen dann Rückfragen einzelner Schülerinnen und Schüler, die sich trauen, noch einmal etwas nachzufragen. Meist ist diese Floskel ein rein rhetorisches Element, um die Unterrichtsphase oder die Unterrichtsstunde abzuschließen. Fragt eine Schülerin oder ein Schüler tatsächlich, sind Frage und Antwort gefolgt von Unaufmerksamkeit, Unmutsbekundungen, abfälligen Gesten oder Bemerkungen der Mitschüler: Rückfragen verkürzen die Pausen! Rückfragen sind unerwünscht.

Was ist das nur für eine Unterrichtskultur, in der eine Schülerin bzw. ein Schüler im Durschnitt alle zehn Unterrichtsstunden eine Frage stellt und diese Fragen dann weitgehend organisatorischer Art sind? Haben unsere Schülerinnen und Schüler keine Fragen mehr, trauen sie sich nicht, diese zu stellen oder ist es so, dass Fragen fast nur als rhetorisches Element oder als didaktische Fragen (Lehrer wissen ja die Antworten schon) auf Seiten der Lehrenden bzw. der Lernenden vorkommen, um deutlich zu machen, ich beteilige mich aktiv am Unterricht? Ein wirkliches Interesse an der Sache besteht aber nicht.

Auch die Situationen, in denen sich Lehrende ernsthaft um die Sammlung und Berücksichtigung von Fragen der Lernenden bemühen, sind oft nicht von Erfolg gekrönt. Ich denke hierzu an eine Referendarin, die in einer 5. Klasse inhaltliche Fragen zum Thema Bibel

---

1 Comenius, Große Didaktik, 113.

sammeln wollte und als Ergebnis auf dem Papier nur Wertloses fand wie »Wie viele Bibeln gibt es?«, »Was ist die größte Bibel?« etc.[2]

»Wer nicht fragt, bleibt dumm!«, das macht die Bedeutung des Fragens für die eigentliche Entwicklung deutlich: Fragen macht klug und Fragen gehören zum Menschen dazu. In der Psychologie der Lebensalter gilt das Fragen als ein Merkmal der Kindheit und Jugend. Aber wo sind sie die Fragen unserer Schülerinnen und Schüler in der Schule?

Die Bedeutung von Schülerfragen wird nicht erst heute entdeckt, sondern zieht sich als (manchmal leider fast unsichtbarer) Faden durch die Geschichte der Religionspädagogik.[3] Gerade bezüglich der Theologie und der Suche nach dem Glauben sind Fragen besonders wichtig: »Nur der Fragende glaubt – nur der Glaubende erträgt die Frage.«[4]

Die Linguistik und Logik billigen der Frage ebenfalls eine grundlegende Bedeutung zu, ebenso wie die Philosophie und Anthropologie des 20. Jahrhunderts mit Husserl, Heidegger, Sartre, Jaspers, Plessner. Viele Philosophen haben die Frage als Grundhaltung der philosophischen Reflexion und als spezifisches Merkmal des Menschen zu entwickeln versucht.

Eine Fragekompetenz ist inner- und außerhalb der Schule nötig, um das Gegenüber kennenzulernen, Wissen zu umreißen, zu sichern und zu vertiefen,[5] Zusammenhänge zu hinterfragen, Textverständnis zu überprüfen etc. Der Religionsunterricht bietet gerade für die nicht (einfach) zu beantwortenden Fragen einen Raum, der genutzt werden sollte.

In dieser Intention ist die vorliegende Publikation entstanden, die einerseits kurz das Forschungsfeld »Schülerfragen« hinsichtlich praxis-

---

2 Das Beispiel findet sich ausführlich in Lindner/Zimmermann (2011), 1.
3 Vgl. Lachmann (2011); Tilly (2011).
4 Vgl. Bastian (1970), 317. Bastian führt davor aus »Als Christus quaerens begegnet der biblische Gott dem animal quaerens cur. Dieser Satz bestimmt Aufgabe und Tragweite der Frage in der Religionspädagogik. Das besagt nicht, dass Antworten sinnlos, überflüssig, unmöglich wären. Kein Mensch kann in der absoluten Frage existieren. Aber dem Christen wird die Kraft einer jeden Antwort zum Motiv einer neuen Frage. Die Theologie der Frage würdigt religionspädagogisch den Kontakt zwischen Christus quaerens und fides quaerens intellectum.«
    Bastian bezieht sich hier auf die Definition des Menschen als »das Tier, das nach dem Warum? fragt.«
5 Vgl. Karg (2011); Weber (2011).

relevanter Information abschreiten möchte, andererseits interessante Unterrichtsideen für alle Schulstufen vorstellt, um eine konstruktive Fragehaltung im Religionsunterricht anzubahnen, in der die wirklichen Fragen unserer Schülerinnen und Schüler eine Rolle spielen können. Für die konstruktive Zusammenarbeit bin ich den beteiligten Autorinnen und Autoren sehr dankbar. Bei der Erstellung des Manuskripts und beim Korrekturlesen haben Saskia Flake und Berit Biewald mir tatkräftig zur Seite gestanden. Auch ihnen ein herzliches Dankeschön! Widmen möchte ich dieses Buch Ingo Baldermann, auf dessen Lehrstuhl ich mich in anderer Weise als er selbst, aber ebenso um eine existenzielle theologische Einbindung bemüht, mit dem Thema »Fragen im Religionsunterricht« auf dem Weg zu einer schülerfragenorientierten Didaktik beschäftigt habe.

1 Zur Bedeutung des Themas[6]

In der Pädagogik sind bei der Thematik »Fragen im Unterricht« eigentlich fast immer nur »Lehrerfragen« gemeint, die als pädagogisches Instrument vor allem im frage-entwickelnden Unterricht zentral sind, weil sie Thema und Tempo bestimmen und so Lehr-Lern-Prozesse steuern. Das Thema ist Bestandteil des Studiums, zentral bei der Besprechung von Unterrichtsbesuchen und Pflichtprogramm im Referendariat aller Schultypen. Um die Technik der Lehrerfrage in einem Unterrichtssetting zu verbessern, gibt es eine Vielzahl von Beiträgen in Handbüchern und Lernprogrammen[7], angesichts einer Häufigkeit von 50–120 Lehrerfragen pro Unterrichtsstunde[8] durchaus verständlich.

Die gewählte Überschrift bei Meyer »Die Lehrerfrage – Skandal oder Selbstverständlichkeit«[9] macht den Diskurs deutlich, der hinsichtlich der Wertung von Lehrerfragen geführt wird.[10] Aber wie sieht es mit dem Thema »Schülerfragen« aus?

---

6 Dieser Beitrag lehnt sich an meine Publikationen zum Thema Schülerfragen »Schülerfragenorientierte (Religions-)Didaktik – eine ernüchternde Bilanz«, Zimmermann (2011), 157–181 an und übernimmt daraus einzelne Abschnitte.
7 Exemplarisch Grell (1978), bes. 58 f.; Klinzing/Klinzing-Eurich (1982); Sommer (1981); Orth (1992); Petersen/Ritscher (1996), Regelkompetenz »Fragen«, 159–190; Becker (1998), 165 f.; Petersen/Sommer (1999); Riedl (2004), 119 ff.
8 Unterschiedliche Zahlen bei Dillon (1988); Becker (1998), 161; Sembill/Seifried (2005), weitere Beispiele bei Levin (2005), 70.
9 Meyer (1987), 205 f.; auch Becker (1998), 161 mit weiteren Belegen.
10 Im Fokus inhaltlicher Beiträge steht a) die Unterscheidung der Fragetypen im Rahmen didaktischer Settings und ihre Wirkung, b) die Notwendigkeit und Möglichkeiten der Integration der Lehrerfragen in den Gesprächszusammenhang, c) Funktionen der Lehrerfrage, d) Fehlformen der Lehrerfrage und e) Lehrerfragen beim Einsatz von Lehrsoftware. Umfassende Belege bei Zimmermann (2011), 158–160.

Ein Spezifikum des Menschen ist, dass er fragt. Hinsichtlich der anthropologischen Bedeutung spricht H. B. Petermann deshalb grundsätzlich vom »Mensch als Fragewesen«, was sich für ihn dann besonders auch religionspädagogisch bedeutsam erweist.[11] Die Fragehaltung als Spezifikum des Menschseins, als anthropologische Grundkonstante kann erweitert werden durch die Fraglichkeit als Grundelement der religiösen Bildung.[12]

Außerdem zeigen Schülerfragen, dass der Inhalt die Lernenden in irgendeiner Weise persönlich betrifft, was eine Grundbedingung für produktive Lernprozesse darstellt und insofern didaktisch von besonderer Bedeutung ist. Fragen regen einen tiefergehenden Aneignungsprozess an, weil die »Ichbeteiligung des Fragers der Bedeutsamkeit einer Sache und eines Lerngegenstandes einen Gefühlswert verleiht, der das Lernen selbst beflügelt.« [13]

Schülerfragen sind aber auch unter sozialen und kommunikativen Aspekten wichtig, denn Fragen von Klassenkameraden bringen ebenso das Nachdenken von anderen Kindern dieser Klasse in Gang und fördern u. U. das Interesse einer gesamten Gruppe am Thema mehr als das Lehrerfragen tun können. So sind Fragen als Ausdrucksmittel von Interesse gerade im Schulunterricht von besonderer Bedeutung.

Für Petzelt ist »der Sinn des Fragens [...] Selbstbestimmung«,[14] weil darin das legitime Recht der Schülerin/des Schülers deutlich würde, Unterricht thematisch aktiv mitzubestimmen und nicht auf die Rolle des Antwortens reduziert zu werden.

Fragen ist somit ein Mittel von Selbstbestimmung, Selbsttätigkeit und Selbstständigkeit, das den »fruchtbaren Moment«[15] im Bildungsprozess ungemein fördern kann.

Schülerinnen und Schüler stellen aber nur dann Fragen, wenn der Nutzen, die Frage zu stellen, höher ist als die zu erwartenden persönlichen »Kosten«, z. B. in der Abwägung zwischen Wissensgewinn und sozialem Prestigeverlust. Das mag das Problem sein, warum so wenige Fragen gestellt werden.

---

11 Petermann (2011), 239–262.
12 Vgl. Bastian (1970).
13 Ritz-Fröhlich (1992), 46.
14 Petzelt (1962), 62.
15 Copei (1955).

Sembill/Seifried (2005) stellen in ihrer Auswertung von 172 Fragebögen zur Schülerfrage fest, dass »eine Reihe von Zusammenhängen zwischen dem Frageverhalten und der individuellen Konstitution der Lernenden bzw. der Wahrnehmung des Klassenumfeldes besteht«.[16] So verzeichnen sie eine hoch signifikante Korrelation zwischen Frageaktivität sowie den Konstrukten Klassenklima und Ängstlichkeit. Gefragt wird nur dann, wenn ich mich sicher und wohl fühle, wenn Fragen erwünscht sind und ich keine negativen Folgen zu erwarten habe. Dies muss den Lehrenden angesichts der Häufigkeit von Schülerfragen zu denken geben.

1.1 Wie ist es um das Thema Schülerfragen im (Religions-)Unterricht bestellt?

Es liegen keine Ergebnisse größerer Studien zum Frageverhalten und zur Häufigkeit von Fragen im Religionsunterricht vor, wobei man davon ausgehen kann, dass das Frageverhalten in erfassten Unterrichtssituationen anderer Fächer nicht wesentlich von dem im Religionsunterricht abweicht. Deshalb seien die Studien und die erfassten Zahlen an dieser Stelle kurz genannt:

Schülerfragen spielen im Gegensatz zu Lehrerfragen quantitativ eine völlig untergeordnete Rolle. Wenn sie überhaupt beobachtet werden, liegt der Durchschnittswert für Fragen pro Schülerin bzw. Schüler und Unterrichtsstunde in vielen Untersuchungen um die 0,1,[17] d. h. der »Durchschnittsschüler« stellt nur etwa jede 10. Unterrichtsstunde eine Frage. Einen ähnlich niedrigen Wert fanden mit 0,17 Fragen je Schülerin bzw. Schüler und Stunde Graesser/Person,[18] während Good et al.[19]

---

16 Sembill/Seifried (2005), 233.
17 Niegemann/Stadler (2001), 173 erstellen einen Mittelwert aus verschiedenen Untersuchungen und sprechen von einer Häufigkeit der Schülerfragen pro Unterrichtsstunde von »1,3–4,0 mit einem Mittelwert (Median) von 3,0. Bei durchschnittlich etwa 27 Schülerinnen und Schülern je Klasse entspricht das 0,1 Fragen je Schülerin bzw. Schüler und Unterrichtsstunde.« Bei ihrer eigenen Untersuchung zählen sie 82 Lehrerfragen und 1,6 Schülerfragen pro Unterrichtsstunde, a. a. O., 181; Sembill/Seifried (2005), 231: »deutlich unter eins«; Graesser/Person (1994), 121 fanden einen Wert von 0,17.
18 Graesser/Person (1994), 121.
19 Good/Slavings/Harel/Emerson (1987), 184.

von Werten zwischen 0,64 und 2,0 Fragen pro Schülerin bzw. Schüler bei 50-minütigen Unterrichtsstunden berichteten.

Dabei muss zusätzlich berücksichtigt werden, dass sich ein Großteil der gestellten Fragen auf die Koordination von Unterrichtsverwaltung bzw. auf die Sicherung der gemeinsamen Gesprächsgrundlage oder Ähnliches bezog und nicht für den unmittelbaren Wissenserwerb relevant war. Niegemann/Stadler konnten zusätzlich zeigen, dass sich die Schülerfragen nicht annähernd gleichmäßig auf die Schülerinnen und Schüler verteilten, was erfahrene Lehrer aus ihrer Praxis sicherlich bestätigen würden. In einer Klassenstufe z. B. stellten 52 % der Fragen zwei Schülerinnen.[20]

Außerdem weicht die geringe Anzahl von Schülerfragen im beobachteten Frontalunterricht stark von der Selbsteinschätzung der Schülerinnen und Schüler ab,[21] die Schülerinnen und Schüler denken von sich, wesentlich häufiger zu fragen und nehmen ihr Frageverhalten somit nicht realistisch wahr.

Der Masterarbeit von Gesa Menzel, Praxis der Frage(-erziehung) im Religionsunterricht – empirische Befunde[22], liegt eine kleine empirische Studie zugrunde, in der die Autorin im konkreten[23] Religionsunterricht beobachtete, wie oft und welche Arten von Fragen in unterschiedlichen Schulformen und Klassenstufen gestellt wurden, wie Lehrer mit den (wenigen) Schülerfragen umgehen, und ob es Unterrichtsmethoden und -situationen gibt, in denen mehr Schülerfragen gestellt werden. Bei der Analyse der Fragen differenzierte die Autorin zwischen organisatorischen, sachbezogenen, persönlichen und philosophischen Fragen. Als Ergebnis konnte sie feststellen, dass die Grundschülerinnen und -schüler etwa dreimal so viele Fragen stellen wie die Schülerinnen und Schüler anderer Schulformen. Pro Unter-

---

20 Niegemann/Stadler (2001), 182.
21 So befragten die Autoren 172 Schülerinnen und Schüler, wie häufig sie im Frontalunterricht Fragen stellen würden: 42 % der Schülerinnen und Schüler schätzten sich auf 2–3 Fragen pro Unterrichtsstunde ein. Im Gruppenunterricht schätzten sie den Angaben zu Folge, noch ca. 3,5-mal mehr Fragen zu stellen. Sembill/Seifried (2005), 231 f.
22 Menzel (2011), 195–207.
23 Es wurden sechs Klassen aus verschiedenen Schularten und Schulstufen jeweils drei Unterrichtseinheiten lang beobachtet und die Ergebnisse genau dokumentiert. A. a. O., 197.

richtsstunde kann man im Durchschnitt von 0,1 Fragen pro Schülerin bzw. Schüler ausgehen. Dieses Ergebnis lässt sich mit Statistiken vorangegangener Studien zum Frageverhalten von Schülerinnen und Schülern unabhängig vom Religionsunterricht vergleichen (s. o.), womit feststeht, dass auch im Religionsunterricht die Fragen der Schülerinnen und Schüler keine größere Rolle spielen als in anderen Fächern. In allen Lerngruppen dominieren mit 50–80 % die organisatorischen Fragen; philosophische und persönliche Fragen spielen kaum eine Rolle. Ferner konnte auch herausgearbeitet werden, dass es ein fragenförderliches Lehrerverhalten gibt: In schüleraktiven Unterrichtsphasen wurden mehr Fragen gestellt als in solchen mit Lehrerdominanz, und einige Methoden zeigten eine deutlich erhöhte Schülerfrageaktivität.

Darüber hinaus ist darauf zu verweisen, dass einer Zunahme der Lehraktivität mit Lehrerfragen kausal eine Abnahme von Schülerfragen folgt.[24]

1.2 Welche Arten von Schülerfragen gibt es?

Sieht man Untersuchungen zur Wahrnehmung von Schülerfragen durch Lehrende ein,[25] wird deutlich, dass diese sowohl die Quantität als auch die inhaltliche Ausrichtung nicht realistisch einschätzen. Sie gehen davon aus, dass mehr und vor allem auch inhaltlich Relevantes gefragt wird, in der Realität fragen Schülerinnen und Schüler aber viel

---

24 Sembill/Seifried (2005), 234 ff.
25 Die wenigen Studien, die untersuchen, wie Lehrer Schülerfragen einschätzen, zeigen, dass eine deutliche Differenz zwischen tatsächlicher Fragehäufigkeit und subjektiver Wahrnehmung besteht. Susskind (1979), 101–106, gibt die Einschätzung von 32 US-amerikanischen Lehrern wieder, die denken, dass ihre Schülerinnen und Schüler jeweils (!) ca. 10 Fragen pro Stunde stellen. Die tatsächliche Fragefrequenz lag aber nur bei 1,8 Fragen pro Stunde. Die Untersuchung von Ritz-Fröhlich (1992), 36 ff., zeigt ebenfalls eine sehr idealistische Wahrnehmung der Fragehäufigkeit der Schülerinnen und Schüler: Die von ihr befragten 173 Lehrer an Grundschulen gaben zu 71,8 % an, dass ihre Schülerinnen und Schüler häufig fragen, 19,7 % sogar, dass sie »sehr häufig« fragen. Nur 8,5 % der Befragten gaben an, dass ihre Schülerinnen und Schüler »selten« fragen. Eine empirische Überprüfung wurde nicht eingeholt, weil die Autorin diese Ergebnisse nur in Korrelation zu den von den Lehrern mitgesandten Schülerfragen setzte. Die durchschnittlichen Zahlen (s. o.) stehen diesem Befund aber diametral entgegen.

seltener und ihre Fragen lassen sich meist als organisatorische oder einfach zu beantwortende Wissensfragen klassifizieren. Da man aber weiß, dass eine realistischere Wahrnehmung dadurch gefördert wird, dass dem Wahrnehmenden ein Raster vorliegt, das eine schnelle Systematisierung ermöglicht, sollen an dieser Stelle mögliche Frageklassifikationen vorgestellt werden. Denn es kann im Religionsunterricht ja nicht darum gehen, generell die bloße Anzahl an Schülerfragen zu erhöhen. Zentral und erwünscht sind vor allem Fragen, die die Bearbeitung der Themen inhaltlich voranbringen:

Klassifikation nach Bloom (1956)/Levin (2005)[27]	Ritz-Fröhlich (1992)[28]
1. Wissensfragen (factual knowledge questions) 2. Verständnisfragen (comprehension questions) 3. Anwendungsfragen (application questions) 4. Analysefragen (analysis questions) 5. Synthesefragen (synthesis questions) 6. Bewertungsfragen (evaluation questions)	Fragearten: 1. Sachfragen 2. Sinnfragen 3. persönliche Fragen 4. organisatorische Fragen 5. Zukunftsfragen 6. religiöse Fragen Frageformen: 1. Informationsfragen 2. Entscheidungsfragen 3. Alternativfragen Frageniveaus: 1. Faktenfragen 2. Erklärungsfragen 3. Begründungsfragen

---

26 Belege bei Levin (2005), 42.
27 Ritz-Fröhlich (1992), 16–20; 34 (Fragearten in der Auswertung der empirischen Untersuchung).

Sembill/Seifried (2005)[29]	Niegemann/Stadler (2001)[30]
1. Nicht lernzielorientierte Frage 2. Reproduktionsfrage 3. Kurzantwortfrage (mit ja oder nein zu beantworten) 4. Langantwortfrage ohne deep-reasoning-Charakter 5. Langantwortfrage mit deep-reasoning-Charakter	1. Informationsfragen mit dem Ziel, Information zu bekommen. Differenziert wird zwischen didaktischen, lehrstoffbezogenen und nicht unmittelbar fachbezogenen Informationsfragen. 2. Konfirmationsfragen mit dem Ziel, Missverständnisse zu beseitigen und Unsicherheiten zu reduzieren. 3. Echo-Fragen zielen auf eine Wiederholung der Aussagen. 4. Common-Ground-Fragen wollen eine Sicherung der effizienten Information. 5. Klärungsfragen sind das genderbezogene Pendant zu den Common-Ground-Fragen. 6. Verfahrensfragen betreffen organisatorische Belange. 7. Koordinationsfragen dienen der sozialen Koordination von Unterricht. 8. Fragen zur Konversationskontrolle als »rhetorische Fragen«. 9. Ablenkungsfragen. 10. Emotionsfragen intendieren die Äußerung von Emotionen.

Für den konkreten eigenen Religionsunterricht reicht vielleicht eine differenzierende Beobachtung und Unterscheidung von
1. organisatorischen,
2. sachbezogenen,
3. persönlichen und
4. theologischen/philosophischen
Fragen aus.

---

28 Sembill/Seifried (2005), 235.
29 Niegemann/Stadler (2001), 176–177.

Dabei können für die konkrete Unterrichtsstunde jeweils Fragen der Kategorien 3 und 4 gesondert gesammelt und berücksichtigt werden (vgl. zu möglichen Methoden 1.4). Vielleicht lohnt es sich sogar, zur Schärfung der Wahrnehmung in exemplarischen Stunden einmal eine Strichliste zu führen.

Inhaltlich konnte eine kleine Studie von Kristin König im Rahmen einer Masterarbeit zeigen, dass auch in Grundschul- und Hauptschulklassen die Fragen zu religiösen Themen so breit gestreut sind, dass eine Strukturierung eines Stoffverteilungsplans bzw. einer Unterrichtseinheit entlang der Schülerfragen möglich ist.

Dort wurde folgende Ausgangsfrage gestellt, um Schülerfragen zu sammeln:[30]

> Es soll ein neues Buch gemacht werden, in dem Fragen von Kindern und Jugendlichen zu Gott, Glauben und den Religionen von Wissenschaftlerinnen und Wissenschaftlern beantwortet werden. Dafür braucht es eure Vorschläge in Frageform. Bitte schreibe hier deine wichtigsten Fragen zu diesem Themenkreis auf.

Oberthürs Einschätzung, dass die Fragen »überraschend eindeutig zu bestimmende, immer wiederkehrende Themen der Kinder«[31] enthielten, bestätigte sich auch in dieser Erhebung. In Anlehnung an die Systematik von Oberthür ließen sich die Schülerfragen folgenden Themenbereichen zuordnen; zusätzlich zu Oberthür aufgenommen wurden die Themenfelder »Existenz und Taten Jesu«, »Bibel«, »andere Religionen« und »Glaube«:

1. Fragen nach der eigenen Identität
2. Geheimnisse des Unendlichen/Unvorstellbaren
3. Zukunftsängste/Kriege
4. Trauer, Leiden, Tod
5. Leben nach dem Tod
6. Die Existenz und Wirklichkeit Gottes
7. Die Bibel
8. Die Existenz und Taten Jesu

---

30 König (2011), 184. 30 Grundschüler, 40 6.-Klässler, 43 9.-Klässler (n=116) wurden beteiligt.
31 Oberthür (1995), 14–16.

9. Andere Religionen
10. Glaube

Als Ergebnis kann in Kurzform festgehalten werden:
- Mehr als die Hälfte der Fragen aller Klassenstufen betraf in engerem oder weiterem Sinn die Gottesfrage.
- Je jünger die Kinder waren, desto mehr Fragen hatten sie zur Kategorie 2 (Geheimnisse des Unendlichen).
- Die Fragen zu Tod und Leben nach dem Tod nehmen zu, je älter die Schülerinnen und Schüler werden.
- Hinsichtlich der Anzahl der Fragen werden deutlich mehr Fragen von Mädchen gestellt, thematisch interessieren sich die Jungen stärker für Fragen zu Zukunft und Engel/Teufel, die Mädchen stärker für Leiden/Tod.

1.3 Auf dem Weg zu einer »schülerfragenorientierten Didaktik«

»Orientierung an den Fragen der Schülerinnen und Schüler« – das ist ein wichtiges Prinzip z. B. im neuen *Lehrplan evangelische Religion für die Grundschule in NRW:* »Schülerinnen und Schüler stellen (…) lebensbedeutsame *Fragen*«,[32] Religionslehrer gehen »von den *Fragen* der Kinder aus und nehmen eigenverantwortlich die theologische und religionspädagogische Vernetzung vor«.[33] Bereits als erste Kompetenz wird beschrieben, dass die Kinder »aufmerksam werden auf religiös bedeutsame *Frage*stellungen«[34] und in der Darstellung der Lernperspektiven und Bereiche wird jeweils mit konkreten *Fragen* von Grundschulkindern begonnen.[35] Auch die dort festgeschriebenen

---

32 Lehrplan evangelische Religion für die Grundschule in NRW (2008), 151.
33 A.a.O., 153 (Hervorhebung M.Z., auch im Folgenden).
34 A.a.O., 152.
35 In der Handreichung (2008) zum neuen Lehrplan wird dazu ausgeführt: »Dem Lehrplan liegt eine subjektorientierte, fragenorientierte Konzeption zugrunde. Dem werden wir gerecht, indem wir in den ersten Kapiteln explizit auf die methodischen Zugänge zu möglichen Kinderfragen (A3) eingehen und darauf aufbauend in einem 4-er Schritt konkrete didaktische Überlegungen für den Umgang mit dem Lehrplan (A1) anbieten. (…) Konsequent zu einer subjektorientierten Konzeption haben wir bei allen Schwerpunkten mögliche Fragen der Kinder an die erste Stelle gesetzt.«

Kompetenzerwartungen orientieren sich an den Schülerfragen, indem diese jeweils eingeleitet werden mit »Schülerinnen und Schüler finden Antworten auf ihre *Fragen* nach …«[36] und sogar das erste fachbezogene Kriterium der Leistungsfestellung nimmt auf eine zu fördernde Fragekompetenz Bezug, indem formuliert wird: »Fachbezogene Kriterien der Leistungsfestellung sind: die Fähigkeit, existenzielle *Fragen* zu stellen.«[37]

Auch der *Lehrplan Niedersachsen* formuliert ähnlich: »Religionsunterricht ist der Ort, wo Kinder mit ihren Fragen zu Wort kommen. Kinder stellen existenzielle Fragen nach Gott und der Welt. (…) Diese Grundfragen menschlicher Existenz werden im Religionsunterricht im Gespräch mit Zeugnissen der biblisch-christlichen Tradition und gelebtem Glauben bedacht. Der Religionsunterricht ist durch eine *Didaktik des Fragens* (…) gekennzeichnet.«[38]

Im *Rahmenlehrplan* für den Evangelischen Religionsunterricht in den Jahrgangsstufen 1 bis 10 der *evangelischen Kirche Berlin-Brandenburg und schlesische Oberlausitz* wird auch direkt von einer »*Didaktik des Fragens*«[39] gesprochen und dazu ausgeführt:

> »Der Evangelische Religionsunterricht ermöglicht Kindern und Jugendlichen, sich mit Grundfragen menschlicher Existenz, nach Gott und der Welt auseinander zu setzen: Wer bin ich? Wozu bin ich da? Was war am Anfang? Was kommt nach meinem Ende? Was ist Leben? Warum gibt es Leid? Was ist Wahrheit? Worauf ist Verlass? Wie komme ich mit anderen zurecht? Worauf darf ich hoffen? Was sollen wir tun?«

Deutlich wird aus dieser exemplarischen Zusammenschau, dass die Orientierung an Fragen als zentrales Prinzip des Religionsunterrichts angesehen wird, das bei der Planung und Gestaltung und sogar bei der Bewertung eine gewichtige Rolle spielt. Umso erstaunlicher ist es, dass dieser Aspekt in kaum einer Didaktik auch nur angedeutet wird.

---

36 A. a. O., 155–161.
37 A. a. O., 162.
38 Niedersächsisches Kultusministerium (Hg.), Kerncurriculum für die Grundschule Schuljahre 1–4 Evangelische Religion. Hannover 2006, 11.
39 Rahmenlehrplan für den Evangelischen Religionsunterricht in den Jahrgangsstufen 1 bis 10. Berlin 2010, 23.

Die Rolle des Lehrenden in einer schülerfragenorientierten Didaktik besteht darin:
- Sachverhalte so zu demonstrieren, dass diese Fragen aufwerfen,
- die Bedeutung von Fragen deutlich zu machen,
- zu Fragen anzuregen,
- deren Intention/Pragmatik zu entschlüsseln und eventuell Fragen zu umschreiben,
- einen Fragekomplex zu strukturieren,
- den Lösungsprozess um die Fragen im Klassenzimmer zu moderieren und dabei auch unterschiedliche Fragen zu kombinieren, zu präzisieren, zu pointieren,
- Fragen an die Gruppe weiterzuleiten,
- zum Fragethema zu informieren, wenn es erforderlich ist.

1.4 Wie kann man Schülerfragen fördern? – Methodische Ideen

Wie gehen wir nun mit dieser Situation im Religionsunterricht um: Wir sollen einerseits Schülerfragen zentral im konkreten Unterricht gewichten, diese spielen aber rein quantitativ keine Rolle, weil unsere Schülerinnen und Schüler nicht fragen. Was können wir tun?

Die Motivation, Fragen einzubringen, kann durch eine positive Verstärkung der gestellten Fragen, aber auch durch stetige Aufforderung zum Fragen erhöht werden, wie schon Herbart 1851 formulierte: »die Neigung zum Fragen soll fortwährend Ermunterung finden.«[40] Dies kann über
- *lehrerbezogene* (»Es ist meine Aufgabe, deine Fragen zu klären!«),
- *schülerbezogene* (»Du hast ein Recht darauf, dass ich deine Fragen beantworte, nur so kannst du lernen!«) oder
- *inhaltsbezogene* (»Lernen funktioniert, indem z. B. zu einer Sache Fragen gestellt und hoffentlich beantwortet werden!«)

Begründungen erfolgen.

Auch Fragetrainings zeigen durchgängig empirisch erwiesen eine positive Wirkung.

---

40 Herbart (Nachdruck 1989), 283.

Einerseits soll an dieser Stelle ein Fragetraining vorgestellt werden, das auch ohne es in gleicher Art durchzuführen, Anregungen für das fragefördernde Lehrerverhalten im konkreten Unterricht gibt. Außerdem sollen Methoden vorgestellt werden, die helfen können, Fragen zu sammeln und für den konkreten Unterricht verfügbar zu machen.

Fragetraining

Kremer/Perlberg zeigten schon 1976 die Wirksamkeit eines Trainings, das Lehrerinnen und Lehrern verschiedene Techniken vermittelt, um Schülerfragen anzuregen. Sie erstellten eine Liste an Verhaltensweisen, die Schülerfragen fördern sollen:[41]

- Die Lehrkraft klärt die Unterrichtsabsicht.
- Die Lehrkraft gibt Beispiele für mögliche Fragen zu einem bestimmten Gegenstand.
- Die Lehrkraft fordert Schülerinnen und Schüler aktiv auf, Fragen zu stellen.
- Die Lehrkraft stellt strittige Punkte und inhaltliche Widersprüche heraus oder lenkt die Aufmerksamkeit darauf.
- Die Lehrkraft fragt gezielt nach, um Bereiche, auf die Bezug genommen wird, zu klären oder auszuweiten.
- Die Lehrkraft erklärt, welche verschiedenartigen Möglichkeiten für Fragestellungen es gibt.
- Die Lehrkraft greift Schülerfragen auf, bezieht sich darauf und verwendet sie als weiteren Stimulus.
- Die Lehrkraft gibt Anstöße zur Umwandlung von Aussagen in Fragen.
- Die Lehrkraft gibt positive Rückmeldung auf Schülerfragen und verstärkt so positiv ein Frageverhalten.

Diese Techniken wurden im konkreten Unterricht eingesetzt, und anhand von Vergleichsgruppen konnte gezeigt werden, dass Schülerinnen und Schüler, deren Lehrerinnen bzw. Lehrer ein solches Training absolviert hatten und die geübten Verhaltensweisen nutzten, mehr Fragen auf kognitiv höherem Niveau stellten.

---

41 Kremer/Perlberg (1976), 398 zitiert nach Levin (2005), 76; aufgenommen bei Becker (1998), 175–178.

Neber (1990/1996/1999) bestätigt das Ergebnis durch seine Forschungen. Er hat sich intensiv mit der Durchführung eines Fragetrainings für Schülerinnen und Schüler beschäftigt und am Beispiel des Geschichtsunterrichts gezeigt, dass man das Fragestellen (epistemisches Fragen) effektiv üben kann und das auch für die inhaltliche Durchdringung des Stoffes positive Effekte hat.

Methodische Ideen

Fragetafel / Fragepinnwand

Auf einer freien Fläche auf Papier oder an einer Seitentafel wird dezidiert am Anfang des Schuljahres ein »Frageraum« ausgewiesen, in den Schülerfragen zum Thema der Einheit oder allgemein zu (gewünschten) Themen des Religionsunterrichts gesammelt werden. Das Schreiben von Fragen an die Fragetafel ist nicht an das Unterrichtsgeschehen gebunden, sondern kann auch in Pausen und über einen längeren Zeitraum erfolgen.

Hierauf werden aber auch spontane Fragen während des Unterrichts eingetragen, die nicht verloren gehen sollen, aber gerade inhaltlich zu stark vom Thema abweichen. Ein solches Vorgehen macht Fragen öffentlich und regt so zum gemeinsamen Nachdenken manchmal sogar außerhalb des Fachunterrichts an.

Fragekasten

Eine Alternative für privates Fragenstellen, das nicht gleich öffentlich gemacht wird, ist die Einrichtung eines Fragekastens. Hier werden Fragen gesammelt, die an geeigneter Stelle systematisiert und in Fragerunden oder Expertenkreisen vorgestellt werden, um gemeinsam nach Antworten zu suchen. Denkbar ist auch, zu wichtigen, von der Klasse ausgewählten Fragen dann Experten einzuladen.

Frage des Tages / der Woche

Schon in der Grundschule ist es möglich, dass die Schülerinnen und Schüler selbst zwischen sachbezogenen und organisatorischen Fragen unterscheiden. Im Sinne einer Bewusstmachung über die Wichtigkeit inhaltlicher Fragen gerade im Religionsunterricht wird eine solche Systematik (s. o. organisatorische, sachbezogene, persönliche und theologische/philosophische Fragen) erstellt und es werden z. B. gute Fragen als »Frage des Tages« bzw. »Frage der Woche« im Klassenzimmer festgehalten und entsprechend honoriert.

Metakognitive Fragestrategien

Metakognitive Strategien (Strategien zur Selbstkontrolle) helfen Schülerinnen und Schülern, ihr Verstehen zu kontrollieren. Fragen z. B. bei der Bearbeitung eines Themas bzw. eines Textes unterstützen dabei, Unverständnis festzuhalten. Diese werden bei der Lektüre am Rand des Textes vermerkt und können folgendermaßen weiterbearbeitet werden:
- Lässt sich die Frage aus dem bisher Gelesenen beantworten? Wenn ja, heißt das, ich habe zu schnell und oberflächlich gelesen.
- Klärt sich die Frage, wenn ich weiterlese? Das heißt, der Text hat mich sinnvoll an eine Fragehaltung geführt und ich habe die Frage sensibel wahrgenommen, die ich jetzt beantworten kann.
- Die Frage bleibt auch nach der Lektüre bestehen? Ich muss die Antwort durch eine Recherche klären, hier muss ich auf meine Fähigkeiten zugreifen, zu wissen, womit (Lexikon, Sachbuch, Internet, Schulbuch etc.) man welche Fragen (Begriffe erklären, Zusammenhänge finden etc.) beantworten kann.
- Ich finde keine Antwort und weiß auch nicht, wo ich noch nachschauen soll? Das heißt, ich muss Mitschülerinnen bzw. Mitschüler oder meine Lehrerin oder meinen Lehrer um Hilfe bitten.

Fragesystematik

Die Schülerinnen und Schüler lernen eine Strategie, bei der es darum geht, wo in einem Text Antworten auf unterschiedliche Fragetypen zu finden sind. Man kann dabei z. B. zwischen Fragetypen a,b,c und d unterscheiden:
- Fragetyp a: wortgetreue Antworten: Die Antwort finde ich wortgetreu im Text.
- Fragetyp b: abgeleitete Antworten: Die Antwort steht zwar im Text, jedoch an verschiedenen Stellen oder mit Begriffen, die in der Frage so nicht auftauchen.
- Fragetyp c: kritisch: Die Antwort des Textes spiegelt die Meinung des Autors, kann also vom Schüler bzw. der Schülerin auch anders beantwortet werden.
- Fragetyp d: über den Text hinaus: Die Antwort bezieht sich zwar

auf das Thema des Textes, geht aber inhaltlich darüber hinaus, so dass z. B. eine Recherche notwendig ist.

Frageschema

Fragen nach einem Schema einzuüben, z. b. zur Interpretation von biblischen Texten, hilft, Perspektiven deutlich zu machen, unter denen nach Inhalten gefragt werden kann. Bei einer Erzählung können das sein: das Thema, die Figuren, das Problem, die Lösung.

Bei einem biblischen Text könnte die mehrfache Textauslegung durch das Fragenschema angeleitet werden, das Schülerinnen und Schüler einüben, um diese Fragen dann selbst an biblische Texte zu stellen:
1. Was steht da? (Literarischer Textsinn)
2. Was erfahre ich über damals? (Historischer Schriftsinn)
3. Was höre ich über Gott, Christus, die Menschen und die Welt? (Allegorischer Schriftsinn)
4. Was sollen Menschen tun? (Tropologischer Schriftsinn)
5. Was wird versprochen? Was ist ermutigend? (Anagogischer Schriftsinn)

Frageteam-Teaching

Zu einem Thema oder besser zu einem zu bearbeitenden Text stellen die Schülerinnen und Schüler in Einzelarbeit eine vorgegebene Anzahl an Fragen. Dabei kann auf eine erarbeitete Fragesystematik (s. o.) Bezug genommen werden.

Danach werden die Fragen mit der Nachbarin bzw. dem Nachbarn getauscht und jeweils beantwortet. Schwierige Fragen bzw. Antworten können dann anschließend in der Klasse geklärt werden.

Fragetabellen

Zu einem Thema bzw. einem Text werden in eine vierspaltige Tabelle folgende Dinge eingetragen:
1. Spalte: Das weiß ich schon.
2. Spalte: Das will ich wissen bzw. meine Fragen zum Thema.
3. Spalte: Meine Antworten nach dem Lesen/der Beschäftigung im Unterricht.
4. Spalte: Diese Fragen sind noch unbeantwortet.

In die erste und zweite Spalte wird *vor* einer unterrichtlichen Beschäftigung mit dem Thema eingetragen, in die dritten und vierte *nach* Abschluss der Einheit.

Frageraster

Gemeinsam gesuchte Frageraster zur Vorbereitung auf eine schriftliche Überprüfung zu nutzen, hat sich bewährt. Zu den unterschiedlichen Themenbereichen einer Einheit werden arbeitsteilig als gemeinsame Vorbereitung auf eine Klassenarbeit sinnvolle Fragen (je nach Klassenstufen auf unterschiedlichen Niveaus) gesammelt und in der Gruppe mit Beteiligung des Lehrenden gesichtet. Vorliegende Fragen, auf die die Schülerinnen und Schüler unter Zuhilfenahme ihrer Hefte keine Antwort finden, werden gestellt und in der Gruppe mit Hilfe des Lehrers beantwortet. Anschließend bekommt jeder einzelne der Klasse die Fragenliste bzw. die Fragekarten für die individuelle Vorbereitung zu Hause. Wie viele Fragen der Klassenarbeit dann aus diesem Pool genommen werden, bleibt der individuellen Entscheidung des Einzelnen überlassen.

Fragebewertung

Es gibt gute und weniger gute Fragen, die in einer Situation zu einem Thema gestellt werden können. Die Bewertung von Fragen durch Lehrende ist immer heikel, weil durch eine negative Bewertung die Fragebereitschaft gebremst wird. Deshalb bietet es sich an, Schülerinnen und Schüler zu einer vorgegebenen fiktiven Situation (z. B. »Am Anfang des Schuljahres kommt ein neuer Schüler in deine Klasse und wird neben dich gesetzt. Welche Fragen könntest du ihm stellen, um mit ihm ins Gespräch zu kommen?«) Fragen formulieren zu lassen, die dann durch eine Mitschülerin bzw. einen Mitschüler bewertet werden: Passen die Fragen in die Situation? Sind sie hinsichtlich des Kommunikationsinteresses sinnvoll? So wird z. B. die Frage »Was machen deine Eltern beruflich?« in der Unterstufe nichts Anstößiges haben, in der Mittel- und Oberstufe aber sicherlich nicht so gut ankommen, weil Jugendliche nicht mehr über ihre Eltern wahrgenommen werden möchten.

Fragemindmap

Zu einem Thema werden im Sinne einer Mindmap strukturierte Fragen gesammelt. Durch Vergleich mit der Frage- und Inhaltsstruktur anderer Schüler kann die Bandbreite eines Themas erschlossen werden.

1.5 Checkliste: schülerfragenfreundlicher Unterricht

Nutzen Sie die Checkliste als Kontrollliste, um festzustellen, was Sie schon tun, um eine Atmosphäre herzustellen, die förderlich für Schülerfragen ist:

1. Berücksichtige ich die Fragen meiner Schülerinnen und Schüler schon bei der Unterrichtsplanung einer Einheit bzw. Unterrichtsstunde?
2. Gebe ich im konkreten Unterricht, aber auch schon in meiner Unterrichtsvorbereitung genug Raum für Schülerfragen?
3. Plane ich nicht-lehrerzentrierte Phasen ein, in denen die Schülerinnen und Schüler untereinander Fragen stellen können?
4. Fördere ich eine Unterrichtsatmosphäre, in der niemand Angst hat, Fragen zu stellen?
5. Zeige ich meinen Schülerinnen und Schülern, welche Fragearten es gibt und wie man fragen kann?
6. Gebe ich nach Fragen genug Wartezeit, so dass Schülerinnen und Schüler lernen, über Fragen nachzudenken?
7. Gebe ich Fragen, die an mich gestellt werden, an die Schülerinnen und Schüler weiter?
8. Verweise ich auf die Bedeutung von Fragen für das Lernen (Metagespräch)?
9. Bestätige ich Fragen positiv?
10. Erarbeite ich Informationen zu einem neuen Themengebiet so, dass einerseits eine ausreichende Informationsbasis hergestellt wird, um dazu Fragen stellen zu können, andererseits so, dass Perspektiven der Weiterarbeit deutlich werden?
11. Vermeide ich es, Unterrichtsgespräche zu dominieren?
12. Stelle ich als Lehrerin bzw. Lehrer gute Fragen?
13. Kann ich zugeben, nicht auf alle Fragen eine Antwort zu wissen?
14. Zeige ich Schülerinnen und Schülern, wie man Antworten auf Fragen selbst finden kann?

2 Unterrichtsideen zu einer schülerfragenorientierten Didaktik – Primarstufe (Orientierungsstufe)

Im folgenden Teil sollen Unterrichtsideen für alle Klassenstufen vorgestellt werden, bei denen die Förderung von Schülerfragen eine tragende Rolle spielte und bei denen methodisch der Umgang mit Schülerfragen besonders bedacht wurde. Alle Beispiele wurden im konkreten Religionsunterricht erprobt und benennen bewusst die Fragen, die gestellt wurden, oft in vielleicht befremdlich anmutenden langen Listen, so dass diese als Basis der Auseinandersetzung auch von außen ergänzend in den Unterricht eingebracht werden können.

2.1 »Es gibt eine Weisheit in den Fragen, aber es gibt keine Weisheit ohne Fragen.« – Ein Unterrichtsprojekt zum Kalenderbuch »So viele Fragen stellt das Leben«

Rainer Oberthür

Klassenstufe: 4. Schuljahr
Das hier skizzierte Unterrichtsprojekt lebt von den Impulsfragen aus Rainer Oberthürs Kalenderbuch[42] »So viele Fragen stellt das Leben«

---

42 Alle Texte und Bilder sind entnommen aus: Oberthür, R., So viele Fragen stellt das Leben. Ein Kalenderbuch für alle im Haus. München 2010. Sechsunddreißig der Fotos aus diesem Buch sind in bescheidener, aber ausreichender PDF-Qualität als Download auf der Homepage des Katechetischen Instituts des Bistums Aachen zu finden: http://ki-aachen.kibac.de/seiten/mitarbeiter-publikationen/publikationen-mitarbeiter/so-viele-fragen-stellt-das-leben (31.07.2012).

(München 2010), die immer wieder – oft als Spiegel authentischer Kinderfragen – Anstoß zu(m) eigenen Fragen und zum Suchen von Antworten geben und eine grundsätzliche Fragehaltung gegenüber sich und den anderen, Gott und der Welt fördern. Hinzu kommen dann auch elementare Bibeltexte und Fotos.

In meinem Religionsunterricht in der Grundschule versuche ich immer neu, das Fragen-Potential aller Kinder zu wecken, ihnen zu helfen, die in ihnen schlummernden Fragen zur Sprache zu bringen und neue, ungeahnte Fragen hervorzulocken. Manchmal können dabei wie in folgendem Projekt von mir vorgegebene Fragen helfen. Es entstand, weil ich selber Fragen liebe und zuvor ein Jahr lang für ein Kalenderbuch Fragen gesammelt hatte …

Die ersten Stunden des Fragen-Projektes

In der Einstiegsphase wird mit Hilfe der Frage »Was ist Weisheit?« eine Fragehaltung gefördert, die Kompetenz eigenen Antwortens gestärkt und in das Projekt eingeführt. In knapper Skizzierung ist im Folgenden unser Weg umrissen.

»Mit einer schweren Frage steigen wir in ein neues Thema ein, die ich euch an die Tafel schreibe und die zunächst jeder für sich auf einem Zettel beantworten kann: ›Was ist Weisheit?‹«

Die Kinder schreiben ihre Antworten für sich auf und stellen sie in einer Meldekette unkommentiert vor. *Es zeigt sich, dass nahezu alle Kinder dieselben zwei Aspekte betonen:* »Weisheit bedeutet, dass man viel ›weiß‹ – Weisheit findet man bei alten Menschen mit viel Erfahrung im Leben.«

Ich frage nach: »Weisheit hat mit Wissen zu tun. Ist Weisheit eher mehr oder eher weniger als Wissen?« – *Die Kinder sind sich einig, dass Weisheit mehr ist als Wissen.*

»Weisheit und weise Gedanken erwartet ihr hauptsächlich bei älteren Menschen – gibt es auch Weisheit bei Kindern?« – »*Ja, Kinder können auch weise sein, aber anders. Sie haben noch nicht so viele Erfahrungen, aber sie sehen vieles anders. Sie haben Phantasie, sagen einfach, was sie denken und fühlen. Sie haben ihre eigene Weisheit.*«

Es folgt eine Vertiefung der Frage und die Anregung zum eigenen Denken: »Ich schreibe euch eine Antwort eines erwachsenen Dichters (Hans Kasper) auf die Frage nach der Weisheit an die Tafel und ihr sagt mir, was er damit wohl sagen will oder besser: wie ihr das versteht: ›Der Kopf verneigt sich vor dem Herzen.‹« – »*Dass der Kopf merkt, dass das Herz wichtiger ist.*«/»*Dass der Kopf sich senkt zum Herzen – also ich meine das jetzt nicht als Tatsache, sondern als Geheimnis – im Kopf sind ja die Gedanken und im Herzen mehr die Gefühle, die müssen zusammenkommen und sich vermischen.*«

Hintergrund: Das Leitmotiv einer Unterrichtsreihe vor einem halben Jahr zur Sprache der Symbole lautete:»Alle Dinge, die wir sehen, können wir doppelt anschauen: als Tatsache und als Geheimnis. Aus dem Wirklichen erwächst das Erstaunliche.«[43]

Aus dem Gespräch entwickle ich (vorher nicht geplant) eine Tafelanschrift, die die Kinder dann mit ihren Worten erklären:

```
        M                           M
    E       KOPF              E
   N       Gedanken          N
   S       WEISHEIT          S
    C      Gefühle           C
        H      HERZ              H
```

Ein Kind präzisiert nun seine Gedanken und fasst sie in anschauliche Bilder: »*Wenn Gedanken und Gefühle sich vermischen, wenn sie zusammenkommen, ist das Weisheit. Die Gedanken sind mehr im Kopf, die Gefühle mehr im Herz. Zusammen genommen ist der Mensch weise, ergeben sie Weisheit. Ein Mensch ist erst weise, wenn sein Kopf auf sein Herz hört. Man könnte das beim Menschen wie bei einem Puzzle sehen: Es gibt Gedanken-Puzzleteile und Gefühle-Puzzleteile. Wenn das Puzzle zusammengesetzt ist und keine Teile mehr fehlen, ist das Weisheit.*«

Wieder frage ich nach einem Aspekt, den zuvor kein Kind erwähnt hatte, nun aber alle Kinder bestätigen: »Gibt es eine Weisheit, die nur aus Fragen besteht?« – »*Wenn man nichts fragt, dann weiß man auch nichts.*«/»*Man wird weise über das Fragen.*«/»*Wenn man nie fragt, kriegt man nie Antwort.*«/»*Es gibt eine Weisheit in den Fragen, aber es gibt keine Weisheit ohne Fragen.*«

Nach diesem Anfang kann ich das nun folgende Projekt beschreiben:

---

43 vgl. Oberthür, R., Das Buch der Symbole. 3. Aufl. München 2011.

»Ich habe ein Jahr lang »Weisheiten« gesammelt: Fragen und Antworten, die mir begegneten und die mir selbst in den Sinn kamen. Das wird einmal ein Kalender mit 365 Fragen und Antworten werden, für jeden Tag eine. Nun habe ich – weil 365 zu viele sind – eine Reihe von Fragen und Antworten bzw. Gedanken dazu ausgesucht, über die wir uns in der nächsten Zeit unterhalten werden, mit denen wir arbeiten werden, zu denen ihr eigene Gedanken haben werdet. Die Fragen stehen auf den einzelnen Kartonblättern, Antworten oder weitere Gedanken und Fragen dazu stehen auf der Rückseite. Wir nehmen mal ein erstes Beispiel. Was sagt ihr zu der Frage: ›Wie viele Fragen hat das Leben?‹« – *»Unendlich viele – so viele, dass man sie nicht zählen kann.« / »Es gibt eigentlich ganz viele Fragen, aber die alle zusammen ergeben eine große Frage.« / »Diese große Frage will man ein ganzes Leben lang finden, aber keiner kann sie kennen.«*

»Wie könnte die eine große Frage hinter allen Fragen denn heißen?« – *»Die Frage nach Sinn« / »Nach dem Sinn des Lebens« / »Warum?« / »Die Frage nach Gott« / »Das weiß man erst, wenn man bei Gott ist« / »Das Leben ist wie ein langer Weg, wenn man fragt, geht man ein Stückchen weiter.«*

Nun lese ich den Text auf der Rückseite vor und wir führen ein kurzes Gespräch dazu:

»Vielleicht ist es das ›frloseste‹ Kennzeichen des Menschen: Der Mensch ist das einzige Lebewesen, das Fragen stellt. Seitdem Menschen zur Welt kommen, ist die Entwicklung der Menschheit durch Fragen geprägt: Woher kommt die Welt? Warum sind wir auf der Erde? Wer sind wir? Was können wir wissen? Wie sollen wir leben? Was dürfen wir hoffen und glauben?« (Kalenderbuch, Kalenderwoche 00, Montag)

Anregungen für ein eigenes Projekt – 3 mal 9 Fragen aus dem Kalenderbuch

Nach dieser Einstiegsphase werden den Kindern in mehreren Zugängen Frageimpulse auf den Karten angeboten, so dass sie sich zu einer selbst gewählten Karte eigene Fragen, Gedanken, Antworten aufschreiben und mit den anderen austauschen. Dieser Prozess hat also immer eine inhaltlich konkrete Seite und eine grundsätzlich haltungsbezogene.

An Stelle einer Skizzierung des Unterrichts seien hier eine Reihe von Fragen aus dem Kalenderbuch dokumentiert, die zu eigenen

Erfahrungen mit den Kindern anregen wollen. Insgesamt über 200 Fragen mit ergänzenden Texten finden sich im Kalenderbuch montags, dienstags, donnerstags und freitags in 52 Kalenderwochen, während am Mittwoch immer ein Aphorismus, am Samstag ein alttestamentlicher Text, am Sonntag ein neutestamentlicher Text bzw. monatlich eine Geschichte zu lesen ist.

Folgende neun Fragen fanden die Kinder besonders spannend:
- Wie lautet deine größte Frage?
- Was würdest du in einem Brief an dich selber schreiben, den du ihn erst in drei Jahren öffnen und lesen kannst? Was stände in einem Brief an dich in zehn Jahren?
- Wenn es mich nicht gäbe, würde es jemand merken?
- Mit welchen sieben Wörtern kannst du ein Bild von dir zeichnen?
- Gibt es ein Ziel der ganzen Menschheit? Wenn ja, wie heißt es?
- Wenn deine Sprache ganz verarmen oder von einem Gewaltherrscher verboten würde: Welche zehn Wörter müssten unbedingt bleiben – welche würdest du unbedingt retten wollen?
- Welche zehn Dinge würdest du auf eine ungefährliche und paradiesische, aber menschenleere Insel mitnehmen, auf der du ein Jahr bleiben wirst, gut versorgt mit Nahrungsmitteln der Natur?
- Was macht den Menschen zum Menschen und unterscheidet ihn von anderen Lebewesen? Nenne mindestens sieben Unterschiede!
- Woher kommen meine Fragen? Fallen mir irgendwann keine mehr ein? Welche Fragen werden ewig bleiben?

In einer späteren Phase befassten wir uns mit Gedankenexperimenten, in denen sich Fragen und Sehnsüchte, Hoffnungen und Ängste der Kinder widerspiegeln. Die folgenden neun Gedankenspiele waren dabei:
- Angenommen, dein Leben wäre ein Film: Wie lautet sein Titel?
- Angenommen, der erste Mensch auf der Erde trifft den letzten Menschen auf unserem Planeten: Was würden sie einander fragen? Was hätten sie sich zu erzählen?
- Angenommen, die Sonne würde in diesem Augenblick erlöschen – was würdest du in den letzten acht Minuten machen, bis bei uns auf der Erde das Licht ausgeht?
- Angenommen, du hättest drei Wünsche frei: Wie lauten sie genau?
- Angenommen, du würdest als Astronaut in den Weltraum fliegen

und unseren blauen Planeten sehen? Würde es dein Leben verändern?
- Angenommen, du hättest wegen einer schweren Krankheit nur noch 40 Tage zu leben: Was würdest du in dieser Zeit alles tun?
- Angenommen, du begegnetest auf einem fernen Planeten freundlichen Lebewesen, die deine geschriebene Sprache verstehen. Wie beschriebest du ihnen auf einem Blatt Papier das Leben auf der Erde?
- Angenommen, du würdest verfolgt und könntest dein Leben nur mit Hilfe einer Zeitmaschine retten: In welche Zeit und an welchen Ort würdest du reisen?
- Angenommen, du könntest für die Zeit nach dem Tod etwas mitnehmen: Was würdest du in deinen Koffer für die letzte Reise packen?

Schließlich spielten auch die Fragen nach Gott eine wichtige Rolle, wie folgende neun Fragen exemplarisch veranschaulichen:
- Wie würdest du dich vorbereiten, wenn du morgen einen einstündigen Termin bei Gott bekämst? Was würdest du ihm sagen und ihn fragen?
- Glaubst du, dass Gott Humor hat? Welchen Witz könnte Gott erzählen? Worüber könnte Gott lachen?
- Würde sich dein Glauben an Gott verändern, wenn es auf einem anderen Planeten nachweisbar intelligentes Leben gäbe?
- Angenommen, auch Tiere könnten glauben: Wie würden sie sich Gott vorstellen?
- Fändest du es eigentlich gut, wenn wir Gott sehen könnten?
- Warum lässt ein guter Gott das Leid auf der Welt geschehen? Was ist deine persönliche Antwort auf diese größte aller Fragen?
- Glaubst du, dass Gott deine Gefühle mit dir teilt?
- Glaubst du, dass Gott die Gebete hört und dass sie helfen?
- Würde sich für deinen Glauben etwas verändern, wenn wir sicher beweisen könnten, dass es Gott gibt?

Weisheiten in Fragen und Antworten und die Sprache der Fotos

Bei der Entstehung des Kalenderbuches war für mich die Hinzunahme eigener Fotografien der spannendste, weil neuartigste Aspekt. Es sind

Bilder aus meinem nahen Lebensumfeld in Aachen, aber auch Situationen und Erfahrungen von Maastricht bis Mallorca, aus Namibia und New York. Ich habe fotografiert, was mir vor Augen kam und mich erstaunte. Ich habe es mit den Fragen und Gedanken des Kalenders zusammengebracht. Mal habe ich Motive zu Texten gefunden, mal habe ich Texte zu Fotos geschrieben. Im Wochenablauf des Kalenderbuches sieht man das jeweilige Foto in (der) Nähe von Texten, mit denen es mal direkt, mal indirekt in Beziehung steht. Aufmerksame Betrachter und Leser können Zusammenhänge entdecken und neue knüpfen, die mir gar nicht bewusst sind. So entstehen aus den Fäden der Bilder und Buchstaben immer neue Lesarten, immer neu »Gewebtes« (textum).

Constanze wählt den Schmetterling zum Psalmwort: »Du bist Sonne und wärmst uns.« Sie schreibt dazu: »So wie die Sonne für den Schmetterling ist Gott für uns.«

Abbildung 1: Schmetterling

Luisa wählt dieses Bild von einem letzten Samen einer Pusteblume zu dem Bibel-Text: »Wer an seinem Leben hängt, der wird es verlieren. Wer aber sein Leben loslässt in dieser Welt, der wird es behalten als ein Leben für immer.« (Johannes 12,25)

Abbildung 2: Pusteblume

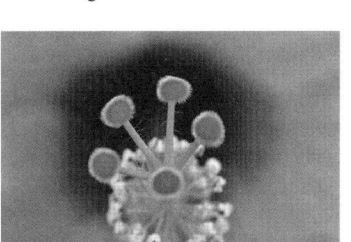

Max kommentiert das Bild mit dem Blick in eine Hibiskus-Blüte mit einem gefundenen Aphorismus von Christian Morgenstern: »Man sieht oft etwas hundertmal, tausendmal, ehe man es zum ersten Mal wirklich sieht.«

Abbildung 3: Hibiskus-Blüte

Dementsprechend war ich gespannt, wie in der letzten Phase des Unterrichts die Kinder mit dieser Fotosprache umgingen. Wieder bekamen sie eine Auswahl von Texten (Fragen, Aphorismen, Bibelverse) und Fotos aus dem Kalenderbuch (jeweils 36) angeboten und konnten entweder ein interessantes Bild mit einem passenden Text oder einen Text mit einem Foto zusammenbringen (s. S. 33). Sie klebten das Foto (im Miniformat) auf ein DIN-A-6 großes »Kalenderblatt« und schrieben den Text darunter, ggf. ergänzt mit eigenen Gedanken zu beidem. Es war eine Freude zu sehen, wie motiviert und intensiv die Kinder bei der Sache waren. Die Beispiele können etwas davon vermitteln.

Bei der Vorstellung der Kalenderblätter betonten die Kinder, dass es ihnen einerseits zufällig erscheint, was sie zusammenbringen, andererseits auch nicht: »*Darüber entscheiden die Phantasie, der Kopf, das Herz, das Gehirn und die Gefühle. Dabei kommt immer was Neues raus und das ist dann auch immer richtig für den, dem es einfällt.*«

2.2 »Den Palast des Fragens neu aufbauen«, »Sterben, Tod und Traurigkeit« – Ein »frag-würdiges« Thema im Religionsunterricht

Martina Plieth

Klassenstufe: 1. bis 6. Schuljahr
Wie kommen wir im Miteinander von Lehrern[44] und Schülern (speziell bei der Behandlung des Themas »Sterben, Tod und Traurigkeit« im Religionsunterricht) zu einer Frage-Kultur, die als lebensförderliche Lern-Kultur beschrieben werden kann und dazu beiträgt, Begegnungen mit sich selbst und anderen zu ermöglichen? Welche Frage- und Antwort-Anreizsituationen können wir wie schaffen? Der vorliegende Beitrag versucht auch durch methodische Hilfestellungen, didaktische Perspektiven aufzuzeigen.

---

44 Im folgenden Beitrag wird einzig aus Gründen der besseren Lesbarkeit nur die maskuline Form explizit erwähnt. Selbstverständlich ist die feminine Form stets mit gemeint.

> »Der Palast des Fragens muss neu aufgebaut werden. Die steinernen Standbilder der Fragen müssen Atem holen und die Ohren spitzen. Die Phantasie des Fragens darf nicht gefesselt bleiben. Der Frage-Kirschgarten darf nicht abgeholzt werden.«[45]

Mit diesem Zitat aus dem Theaterstück »Die Kunst des Fragens« von Peter Handke wird etwas formuliert und postuliert, das auch für die Behandlung des Themas »Sterben, Tod und Traurigkeit« im Religionsunterricht bedeutsam ist: Fragen werden dringend benötigt – aber keine festgelegten und festlegenden Schein-Fragen, sondern echte, authentische Fragen, die selbst dann, wenn sie nicht vollumfänglich zu beantworten sind, weiterführen. Wenn sie gestellt werden, sind gemeinsam neue (Sinn-)Horizonte zu entdecken und so lebendige, mehrperspektivische Lernbewegungen zu initiieren, die Entwicklung fördern. »Wo es – aus welchen Gründen auch immer – nichts (mehr) zu fragen gibt, gibt es auch nichts (mehr) zu lernen.«[46] Wo jedoch aufgrund von wirklichem Interesse gefragt wird, da kann gelernt werden, und zwar im kognitiven und emotionalen Bereich.

Wie aber kommen wir im Miteinander von Lehrern und Schülern zu einer Frage-Kultur, die als lebensförderliche Lern-Kultur beschrieben werden kann und dazu beiträgt, Begegnungen mit sich selbst und anderen zu ermöglichen? Wie schaffen wir es, hinter die (von Peter Handke ebenfalls anschaulich beschriebene), »schon halb verwachsene und eingestürzte Fragemauer mit ihrer blinden Tür«[47] zu gelangen, um Neues zu erschließen und Altbekanntes verändert wahrzunehmen? – Vermutlich am ehesten, indem wir das tun, was Kinder täten, wenn sie vor einer Mauer mit Tür stünden: Die Tür öffnen und hindurchgehen.[48]

Das aber ist auch für grundsätzlich engagierte Religionslehrer ganz offensichtlich nicht immer leicht, wenn es um existenzielle, lebensrelevante Themenkomplexe geht, die in der Regel keine »einfachen«

---

45 Handke, P., Die Kunst des Fragens. Frankfurt a. M. 1994, 53.
46 Bastian, H.-D., Theologie der Frage. Ideen zur Grundlegung einer theologischen Didaktik und zur Kommunikation der Kirche in der Gegenwart. 2. Aufl. München 1970, 292 (Ergänzung in Klammern M.P.).
47 Vgl. Handke (1994), 128.
48 »Aber: ›Machen wir die Tür auf!‹, sagte das Kind vor der blinden Tür in der Mauer.« Ebd.

Antworten zulassen und nur mit Hilfe von Spezialwissen erschließbar zu sein scheinen.

Bei Fortbildungen zum Thema »Sterben, Tod und Traurigkeit« gibt es zumindest immer wieder Teilnehmer, die sich nicht in der Lage fühlen, mit Kinderfragen im Umfeld herannahender bzw. hereinbrechender Todeswirklichkeit umzugehen und ihnen standzuhalten. Sie begründen das häufiger mit Blick auf spezifische Wissenslücken bei sich selbst und das durch sie verursachte Fehlen von passenden (»richtigen«) Antworten. Manchmal wird auch darauf abgehoben, dass es für (junge) Heranwachsende prinzipiell zu schwierig und belastend sei, sich mit der Endlichkeit allen Lebens zu befassen. Der Tod mit seinen Begleitphänomenen sei schließlich ein »Erwachsenenthema«, das Kinder nur überfordern könne und deshalb nicht in den schulischen Unterricht (der Unter- und frühen Mittelstufe [Klasse 1 bis 4 sowie Klasse 5 und 6]) gehöre.

> »Wenn sie dann fragen, und du weißt nichts zu sagen, das verunsichert schon.« – »Man ist auch längst nicht auf alles vorbereitet.« – »Über vieles wurde mit uns ja auch nicht gesprochen; da fällt mir dann nicht das Richtige ein.« (Teilnehmer einer Grundschullehrer-Fortbildung)

> »Das belastet viel zu viel.« – »Da ist gar nicht abzusehen, was dadurch ausgelöst werden kann.« – »Für manche ist das einfach nur schrecklich; das wäre ja eine Zumutung.« (Teilnehmer einer Grundschullehrer-Fortbildung)

Folgendes kann dazu angemerkt werden

Es ist auf jeden Fall gut, als Lehrer eigenes Wissen kritisch zu überprüfen und danach zu fragen, über welche Kenntnisse und Erkenntnisse im Blick auf welches Thema man selbst verfügt. Tatsächliche, Lernprozesse hindernde Defizite sind so aufzuspüren und zielgerichtet abzubauen. Allerdings sollte nicht außer Acht gelassen werden, dass es auch (Er-)Lebensbereiche und Wirklichkeits-Dimensionen gibt, die per se mehr Fragen als Antworten zulassen und nur bedingt durch Einsatz von Wissen erschlossen werden können. Der Tod und das (mögliche) Todes-Danach gehören allemal zu diesen dazu. Niemand weiß als Lebender, was genau im Tod geschieht und ob es so etwas wie nachtodliche Existenz überhaupt gibt. Wer sich dennoch dazu äußert, kann dies nur vor dem Hintergrund von gedanklichen Konstrukten, inner Gewissheit, Hoffnung oder Sehnsucht tun und dementsprechend formulieren: »Ich denke … Ich stelle mir vor … Ich bin davon überzeugt … Ich hoffe … Ich wünsche mir …« Die so entstehenden Aussagen sind – unabhängig davon, ob sie von Erwachsenen oder (jungen) Heranwachsenden stammen – weder falsch noch richtig; sie sind im besten Falle authentisch und dazu angetan, andere zu ähnlichen Formulierungen zu ermutigen. Auf diese Weise können sie zur Herausbildung von »Denkgemeinschaften« beitragen, in denen Fragen nicht in Frage stellen und verunsichern, sondern als Form »lauten Denkens«[49] zusammenführen. In ihnen muss bzw. kann ein Lehrer nicht immer mehr wissen als seine Schüler, und es kommt auch nicht darauf an, passende (»richtige«) Antworten vorzuhalten. Vielmehr geht es darum, »gemeinsame Fragehorizonte zu erkennen«[50] bzw. »den Horizont gegenwärtigen Suchens«[51] zu beschreiben.

Die Auseinandersetzung mit dem Thema »Sterben, Tod und Traurigkeit« verlangt stets den Einsatz von Seelenenergie und mag in bestimmten Kontexten durchaus auch – aber sicherlich nicht ausschließlich oder in erster Linie – von Kindern als schwierig und belastend empfunden werden. Letzteres spricht aber nicht grundsätzlich gegen sie, denn die meisten (jungen) Heranwachsenden, die in vielerlei Hinsicht ohnehin belastbarer sind als Erwachsene vermuten, lieben Herausforderungen und empfinden es als Bereicherung und Bestätigung, wenn sie erfahren, dass Schwierigkeiten erfolgreich zu bewältigen und Lasten ohne Zusammenbruch zu tragen sind – und zwar am besten gemeinsam. Vielleicht nähern sie sich unter anderem auch deshalb (und nicht nur aufgrund fehlender [negativer] Vorerfahrungen) problematisch erscheinenden Themen in der Regel mit großer Offenheit an und beginnen oft selbsttätig – zumeist spontan (ohne Vorbehalte und Hemmungen) – damit, sie phantasievoll und kreativ zu bearbeiten. Vielleicht ist es aber auch die kindliche Fragenatur als solche, die dazu führt, dass Kinder über all das reden wollen und ganz offensichtlich auch können, was Erwachsene eher verschweigen und

---

49 Vgl. dazu Brunner, A., Die Kunst des Fragens. 3. Aufl. München 2009, 71.
50 Müller, P., Schlüssel zur Bibel. Eine Einführung in die Bibeldidaktik. Stuttgart 2009, 95.
51 A. a. O., 96.

ausblenden; sie bietet zumindest die Basis dafür, prinzipiell alles für »frag-würdig« (also »einer Frage würdig«) zu halten und keine vorschnelle Antwort, schon gar nicht eine (Schein-)Antwort, die nur dazu dient, einer Frage zuvorzukommen,[52] zu akzeptieren. Die Ergebnisse von »Unterrichts-Planungsstunden« im Grundschulbereich, in denen Schüler zwecks Themenfindung für den Religionsunterricht all das in Frageform formulieren durften, »was sie immer schon mal wissen wollten«, weisen jedenfalls in diese Richtung: Keine Frage (auch nicht die Frage nach dem Tod!) scheint in der Einschätzung der Kinder von vornherein zu schwierig oder zu belastend und deshalb auszulassen zu sein; selbst letztlich nicht Beantwortbares wird demgemäß als interessant eingestuft und kommt als mögliches Unterrichtsthema in Frage.

> **Fragen-Sammlung einer 4. Grundschulklasse**[53]
>
> Welt/Universum: Wird die Welt untergehen? Warum leben wir auf der Erde? Hat Gott die Welt erschaffen? Wie groß ist die Welt? Wann ist die Erde entstanden? Wie groß ist das Universum? Was liegt hinter dem Weltall? Wie ist der Mond entstanden? Wie sind die Planeten entstanden? Gibt es noch andere Lebewesen im All?
>
> Gott: Es gibt so viele Kinder auf der Welt, wie kann Gott auf alle aufpassen? Wenn Gott uns behütet, warum macht er uns dann krank? Wie lange gibt es Gott schon? Gibt es Gott in Wirklichkeit? Wie lange

---

52 Wolfgang Hildesheimer beschreibt solche Schein-Antworten bildhaft und spricht davon, sie seien wohl verpackt in Kisten gelagert, um in die Welt hinausgeschickt zu werden, und bedürften des Vermerkes »Vorsicht! Nicht stürzen!« nicht, da ihr Versand bestens geregelt sei. Vgl. Hildesheimer, W., Tynset. Frankfurt a. M. 1967, 70 f.; Hubertus Halbfas hat ganz offensichtlich Ähnliches im Sinn, wenn er formuliert: »Willst du fragen lernen, schnür die amtlich verpackten Bündel auf. Stürz den Inhalt der geordneten Kisten um und erprobe selbst, womit du leben kannst.« Halbfas, H., Der Sprung in den Brunnen. Eine Gebetsschule. 11. Aufl. Düsseldorf 1992, 74.
53 Die angeführten Fragen wurden im Schuljahr 2011/2012 von den Schülern der Klasse 4A/B der Grundschule an der Auguststraße in Recklinghausen formuliert; ihre Sortierung hat freundlicherweise die Lehrerin und Stellvertretende Schulleiterin Anne Kemper übernommen. – Fragen-Sammlungen wie die hier vorgelegte können direkt zur Weiterarbeit verwendet werden. Es bietet sich z. B. an, stumme Schreibgespräche zu den einzelnen Frage-Blöcken anzuregen und so einzelne Fragen miteinander zu vernetzen bzw. fragende Schüler ins Gespräch zu bringen. Zur Methode siehe u. a. pagewizz.com/reflexion-das-stumme-schreibgespraech/ (31.07.2012).

glauben die Menschen schon an Gott? Wie ist Gott entstanden? Ist Jesus wirklich Gottes Kind, kommt er von Gott? War Gott auch ein normaler Mensch? Warum heißt Gott Gott? Hat Gott einen Körper?

Mensch/Tier: Warum denken Menschen anders als Tiere? Waren Adam und Eva auch mal ein Kind? Wie sind die Menschen entstanden? Woher stammen die Tiere? Kommen wir wirklich alle von Adam und Eva? Woher kommen Adam und Eva? Wer war der erste Mensch? Wie haben sich die Menschen auf eine Sprache geeinigt? Wie viele Sprachen gibt es? Warum kann man nicht in die Zukunft sehen? Wieso geht es den Menschen in manchen Ländern so schlecht? Warum sehen wir so aus wie jetzt, wieso nicht anders?

Ich: Warum bin ich ein Junge und kein Mädchen? Warum hat meine Schwester eine andere Augenfarbe als ich? Warum ist mein Bruder älter als ich? Warum muss ich mich immer mit meinem Bruder streiten? Wo war ich vor meiner Geburt? Warum bin ich ich und kein anderer? Warum kann ich mich nicht mehr erinnern, wo ich vor 1 Jahr war?

Tod: Warum müssen Menschen sterben? Warum gibt es den Tod? Warum gibt es den Tod, dass alle sterben müssen? Stimmt es, dass Gott die Toten zu sich holt? Kommt man in den Himmel, wenn man gestorben ist? Kommt man, wenn man gestorben ist, wirklich in den Himmel oder (in die) Hölle? Kann man im Himmel weiterleben?

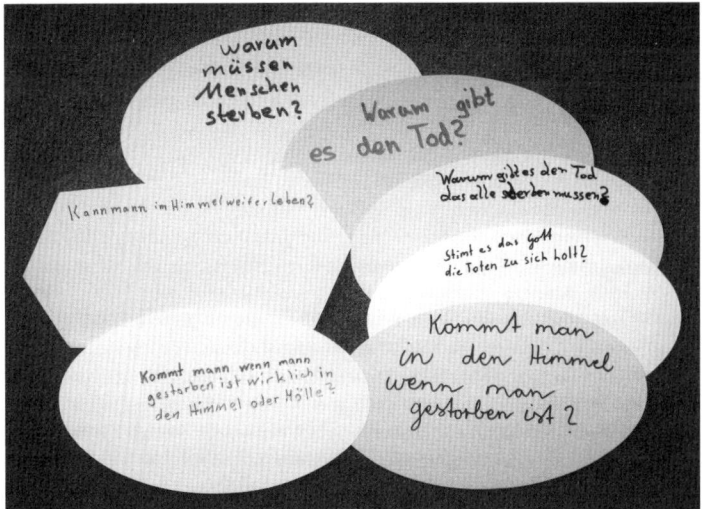

Abbildung 4: Fragen-Sammlung zum Thema Tod

Wer sich klar macht, dass niemand (auch kein Lehrer!) Antworten auf alle Fragen haben kann bzw. haben muss, und dass Kinder aufgrund ihrer Belastbarkeit, ihrer Bereitschaft, sich herausfordern zu lassen, und ihrer Fragenatur im Allgemeinen ungezwungen mit komplexen, im Ursinne des Wortes »fragwürdigen« Themen umgehen, wird grundsätzlich eher als andere dazu bereit sein, gemeinsam mit Schülern die »Tür« in einer »Fragemauer« zu öffnen. Und so jemand wird höchstwahrscheinlich auch die »Tür« in der Fragemauer des Themas »Sterben, Tod und Traurigkeit« nicht (mehr) als unüberwindbares Hindernis wahrnehmen. Dennoch dürfte er bestimmt nichts dagegen haben, ein paar hilfreiche Tipps zum Thema »Fragetüröffnung« und damit eine Art »Starthilfe« auf dem Weg der Entwicklung einer lernförderlichen Unterrichts-Frage-Kultur zu erhalten. Im Folgenden werden ebensolche Tipps gegeben; sie sind aus (Religions-)Unterrichtsstunden[54] in unterschiedlichen Grundschulklassen erwachsen und insofern mehrfach praxiserprobt.[55]

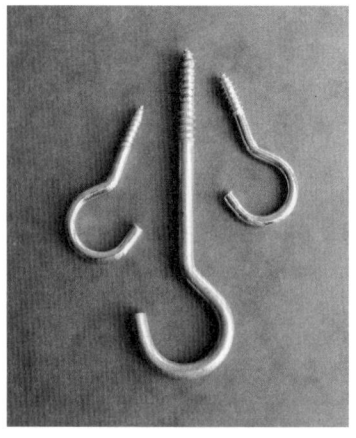

Abbildung 5: Frage-Haken

Kinder formulieren gern – selbst ohne nähere Anleitung – Fragen, aber sie finden es auch spannend und anregend, etwas mehr über Fragen sowie ihre Funktion im Alltag zu erfahren und dabei in motivierende Frage-Anreizsituationen gebracht zu werden. Nicht zuletzt deshalb vermag bereits der einfache Hinweis darauf, dass Fragezeichen wie Haken aussehen, an denen man hängen bleiben kann (und unter

---

54 Der Unterricht wurde – auch wenn er von Religionslehrern initiiert wurde – in vielen Fällen fächerübergreifend durchgeführt.
55 Erfreulicherweise konnte ich in den vergangenen Jahren immer wieder mit (Grundschul-)Lehrern kooperieren und mit ihnen gemeinsam Workshops, Projekttage und Regelunterricht zum Thema »Sterben, Tod und Traurigkeit« vorbereiten sowie gestalten. Wir haben sehr viel ausprobiert, Erfahrungen gesammelt und untereinander ausgetauscht, um unser eigenes unterrichtliches Verhalten nach Möglichkeit zu optimieren. Ein wenig von dem, was dabei herausgekommen ist, soll hier skizziert werden.

Umständen auch sollte), dazu ermutigen, genauer und in die Tiefe zu fragen oder auch gezielt nachzufragen, wenn es um die Klärung eines bestimmten Sachverhalts geht.

> »Ich hab' da ein Problem. Da häng' ich jetzt so fest. Da muss ich noch mal fragen.« Sebastian, 10 Jahre

Wer demgemäß eine Klasse als »Frage-Angel-Team« deklariert und dazu einlädt, besonders gute »Frage-Haken« zu benutzen, um besonders gute Antworten »einzufangen«, kann sicher sein, mehr Fragen und andere präsentiert zu bekommen als jemand, der einfach nur dazu auffordert, Fragen zu stellen und zu sammeln. Und wer gleich mehrere hochkompetente »Frage-Angel-Teams« gründen und gegeneinander antreten lässt, darf in der Regel mit noch größerer und vielfältigerer »Ausbeute« rechnen. Gesunde Konkurrenz belebt nun einmal das Geschäft.

Abbildung 6: Namensschilder des Frage-Angel-Teams

Wer nicht mit »Frage-Haken« und »Frage-Angel-Teams« arbeiten möchte, kann auch davon erzählen, dass kluge Forscher immer von Fragen ausgehen,[56] nichts »fraglos« hinnehmen und gerade deshalb erfolgreich sind. Dabei kann auch deutlich gemacht werden, dass es grundsätzlich keine dummen Fragen, sondern höchstens dumme Antworten gibt, und dass jemand, der Fragen stellt, alles andere als dumm im Sinne von unwissend ist, sondern nur deutlich zeigt, dass er bereits etwas weiß.[57] Letzteres spornt Kinder, die sich und ihr Vermögen in aller Regel unbedingt beweisen wollen, zu großem Engagement an.

---

56 »Wenn ich nur die richtige Frage wüsste … Wenn ich nur die richtige Frage wüsste. Albert Einstein.« Abgedruckt bei Brunner (2009), 61.
57 »›Wer fragt, weiß schon etwas!‹ Kind im 4. Schuljahr« Oberthür, R., Kinder fragen nach Leid und Gott. Lernen mit der Bibel im Religionsunterricht. 6. Aufl. München 2008, Vorwort, o. S.

Abbildung 7: Namensschilder des Frage-Forscher-Teams

Abbildung 8: Namensschilder des Frage-Ferkel-Clubs

Auch die Erklärung des lautklanglich-sprachlichen Zusammenhangs der Wörter »fragen«, »frickeln« (umgangssprachlich für basteln, herumwerkeln oder wühlen) und »Ferkel« kann zur Schaffung von Frage-Anreizsituationen genutzt werden. Insbesondere jüngere Grundschulkinder finden es faszinierend, sich in »Frage-Ferkel« zu »verwandeln« und fragend-frickelnd-ferkelnd tief im Untergrund eigenen und/oder fremden Wissens nach »Genussreichem« (also wissenswerten Antworten) zu suchen (zu wühlen).

Besonders förderlich sind für Kinder solche Frage-Anreizsituationen, in denen ein direktes personales Gegenüber zum Fragen-Stellen vorhanden ist. In ihnen entdecken sie sich selbst und/oder andere als frage(nd)-kompetente sowie gefragte Wesen[58] und können bereits vorhandenes Wissen zeigen, aber auch neues Wissen erwerben.

Bei der Behandlung des Themas »Sterben, Tod und Traurigkeit« empfiehlt es sich z. B. Frage-Runden in der gesamten Lerngruppe mit Berufs-Fachleuten wie Bestattern, Pfarrern, Krematoriumsbetreibern oder Friedhofsgärtnern zu ermöglichen.[59] Aber auch Klassengespräche mit Menschen, die aufgrund ihres (hohen) Alters und/oder ihrer Lebenserfahrung als besonders kundig eingestuft werden können, sollten gesucht und realisiert werden.[60]

---

58 Siehe dazu z. B. Oberthür, R., 192., »›Fragenhaben, Fragendsein und Gefragtsein‹ (Handke (1994), 139) gehören zusammen.«

59 Solche Frage-Runden können auch vor Ort, in den »Räumen« der zu Befragenden (Bestattungsunternehmen, Kirche, Krematorium, Friedhof[shalle]) stattfinden. Wo dies geschieht, kommen meistens jede Menge neue, zusätzliche Fragen auf.

60 Idealerweise sollte immer nur ein Mensch zum Gespräch mit der Klasse gebeten werden, um eine möglichst klare Kommunikationsstruktur und eine

> »Wir laden am besten meinen Opa ein. Der ist Fachmann für früher. Der weiß ganz viel, wie das früher so war mit den Särgen und so. Der weiß auch, dass die Autos immer stehen geblieben sind, wenn der Leichenwagen gekommen ist.« Max, 10 Jahre

Zur Vorbereitung der so entstehenden Frage-Sequenzen ist (in großer Runde oder auch in kleineren Gruppen) entweder darüber nachzudenken, welche Fragen aus bereits vorhandenen Fragen-Sammlungen von wem am ehesten beantwortet werden können, oder – falls überhaupt noch keine Fragen gesammelt worden sind – welche Fragen wem gestellt werden sollen. So wird bereits vorhandenes Fragematerial nach bestimmten Kriterien gesichtet und sortiert bzw. neues gezielt-systematisch zusammengestellt. In beiden Fällen kommt es zu einer kritischen Auseinandersetzung mit dem für das geplante Unterrichts-Gespräch anvisierten (Teil-)Thema lange bevor der eigentliche Gedankenaustausch mit eingeladenen Gästen stattfindet. Außerdem wird gesichert, dass die von den Schülern letztendlich tatsächlich im Plenum gestellten Fragen nicht ins Leere gehen, sondern beantwortet werden können.

Falls ein besonders »belastbarer« und »spielfreudiger« Gast in die Klasse kommt, kann auch mit dem so genannten »Heißen Stuhl« gearbeitet werden.[61] Die Schüler erhalten den Auftrag, möglichst viele Fragen zum Thema »Sterben, Tod und Traurigkeit« zu formulieren bzw. zu notieren und in die Rubriken »Leichte(re)« und »Schwere(re) Fragen« einzuteilen. In der eigentlichen Frage-Runde sollen sie den Frage-Runden-Gast mit ihren Fragen konfrontieren und dabei auf seine Reaktionen achten. Wenn dem Befragten aufgrund des Schwierigkeitsgrades einzelner Fragen ganz heiß wird und er zu schwitzen beginnt (»Heißer Stuhl«), sollen zur Entlastung vorübergehend wieder leichte(re) Fragen gestellt werden, und wenn überhaupt keine Antwort mehr möglich scheint (»Sehr heißer Stuhl«), soll die ganze Klasse bei der Fragen-Beantwortung mithelfen, um ein Sitzenbleiben

---

höhere Konzentration auf einen bestimmten Teilaspekt des Gesamtthemas zu erwirken.
61 Falls kein Gast von außen zur Verfügung steht, kann der Platz auf dem »Heißen Stuhl« auch von der unterrichtenden Lehrkraft selbst eingenommen werden. Am Ablauf der Arbeitseinheit ändert sich dadurch nichts.

auf dem »Fragen-Stuhl« und damit den Fortgang der Frage-Runde zu ermöglichen.

Das Ganze funktioniert natürlich nur, wenn der Frage-Runden-Gast vorab erfährt, welche Instruktionen die Kinder erhalten haben, und dazu bereit und in der Lage ist, sich dementsprechend zu verhalten, also mitzuspielen. Er sollte leichte(re) Fragen direkt beantworten, bei schwer(er)en Fragen zögernd und stockend reagieren, vielleicht ein Taschentuch zum Schweißabwischen zücken und sich unruhig – über die zunehmende Hitze klagend – auf dem »Fragen-Stuhl« hin und her bewegen, und bei ganz schweren Fragen um Klassen-Hilfe bitten.

In diesem Setting lernen Kinder etwas über Fragen und ihre Wirkung, aber auch über den (sinnvollen) Umgang mit Fragen. Sie üben sich darin, Fragen zu qualifizieren und zu differenzieren (schwere[re]/ leichte[re]Fragen), werden in die Lage versetzt wahrzunehmen, dass Fragen auch in die Enge treiben (ins Schwitzen bringen) können und haben die Chance zu erfassen, dass manche Fragen (auch von Erwachsenen!) allein kaum zu beantworten und gegebenenfalls besser gemeinsam zu bedenken sind.[62]

Eine weitere gute Möglichkeit, Heranwachsende und Erwachsene gemeinsam in Frage-Sequenzen zum Thema »Tod und seine Begleitphänomene« hineinzubringen, besteht darin, Schüler einzeln dazu zu beauftragen, nicht im Klassenverband, sondern außerhalb desselben (allerdings nicht in der Öffentlichkeit, sondern ebenfalls im geschützten Raum [speziell der Familie]) »Interviews« in Eins-zu Eins- oder höchstens Eins-zu-Zwei-Relation durchzuführen; als Interviewpartner kommen dabei vor allen Dingen Großeltern, Eltern und (Paten-)Onkel oder -Tanten (d. h. im Allgemeinen besonders vertraute Personen) in

---

62 Natürlich wird im beschriebenen Setting mit der kindlichen Lust, andere (vorzugsweise Erwachsene!) mit Fragen zu »löchern« bzw. ihnen regelrecht »Löcher in den Bauch zu fragen« und sie so ein wenig zu »quälen«, gearbeitet. Aber das sollte – auch wenn es sich beim »Löchern« ursprünglich um eine extrem grausame mittelalterliche Foltermethode handelt (Nichtaussagewilligen wurden glühende Eisen in den Bauch gestemmt, um Geständnisse zu erpressen) – nicht davon abhalten, den »Heißen Stuhl« einzusetzen. Schließlich geht es nicht darum, »Quälsucht« herauszubilden, sondern – ganz im Gegenteil – darum, deutlich zu machen, dass »quälendes« Fragen letztlich nicht weiterführt und dass denen, die eine Frage nicht beantworten können, am ehesten durch gemeinsame Antwortsuche zu helfen ist und auch geholfen werden sollte.

Frage.[63] Um sie als Befragte, aber auch die Fragenden selbst nicht zu überfordern, sollten bei der Interview-Vorbereitung ausschließlich tatsächlich beantwortbare Fragen und davon auf keinen Fall zu viele formuliert werden. Ein bzw. zwei Einzelfragen bzw. zwei aufeinander bezogene Fragen sind normalerweise schon mehr als genug. Besonders hilfreich ist es, in den so entstehenden »Mini-Interviews« geschlossene und offene Fragen[64] miteinander zu kombinieren (siehe dazu die folgenden Beispiele!), um so sicherzustellen, dass im Interview auf jeden Fall etwas geantwortet wird, aber auch frei und in ausführlicher (narrativer Form) auf die gestellte(n) Frage(n) eingegangen werden kann.

Hast du (früher) ein Haustier gehabt?
Was hast du gemacht, als es gestorben ist?
(Lena, 9 Jahre)

Warst du schon einmal traurig, weil jemand gestorben ist?
Wer/was hat dich getröstet, als du traurig warst? – Bitte, erzähle mir davon!
(Jan, 10 Jahre)

Wann bist du das erste Mal bei einer Beerdigung dabei gewesen?
Was ist da passiert? – Bitte, erzähle mir davon!
Wie war das für dich? – Bitte, erzähle mir davon!
(Mia, 10 Jahre)

Magst du Friedhöfe?
Was findest du an Friedhöfen schön? – Bitte, erzähle mir etwas dazu!

---

63 Ein Kind sollte in der Regel nur eine Person befragen, um nicht im Interview durcheinander zu geraten. In Ausnahmefällen können auch zwei Personen gemeinsam befragt werden – z. B. dann, wenn sie zusammengehören so wie Opa und Oma oder Vater und Mutter. Allerdings ist in dieser Konstellation sorgfältig darauf zu achten, dass die Befragten nacheinander ihre Antworten formulieren und dass diese auch nacheinander dokumentiert werden. Kinder ab Klasse 4 sind meistens schon in der Lage, das zu gewährleisten. Aber auch ihnen hilft es sehr, wenn in Vorbereitung des Interviews gemeinsam mit ihnen ein Interviewbogen mit ausformulierter Fragestellung und Antwortüberschriften wie »Mein Opa hat geantwortet: … / Meine Oma hat geantwortet: …« vorbereitet wird.
64 Zu den verschiedenen Fragetypen siehe z. B. Brunner (2009), 16 ff.

Was gefällt dir nicht an Friedhöfen? – Bitte erzähle mir etwas dazu! (Lennart, 10 Jahre)

Zu einer unterrichtlichen Frage-Kultur, die als lebensförderliche Lern-Kultur beschrieben werden kann, gehören – wie bereits angesprochen – immer auch Antworten. Besonders wichtig (vor allen Dingen bei der Behandlung von existenziellen, lebensrelevanten Themen) sind die Antworten, die Schüler selbst »ent-decken« und formulieren, denn sie zeigen den individuellen Kenntnis- und Erkenntnisstand oder -fortschritt (Lernfortschritt) einzelner Kinder und machen deutlich, wo sich die gesamte am Arbeits- bzw. Frage-Prozess beteiligte Lerngruppe gedanklich und emotional »bewegt«. Letzteres aber nur dann, wenn die gegebenen Antworten authentisch und informativ-aufklärend (also keine Schein-Antworten!) sind. – Wie aber können solche Antworten ermöglicht und gesprächsfördernd eingesetzt werden? Auch dazu im Folgenden ein paar Tipps zur Schaffung von Antwort-Anreizsituationen aus der Praxis für die Praxis:

In der Unter- und (frühen) Mittelstufe (Klasse 1 bis 4 sowie 5 und 6) empfiehlt es sich, Schüler nicht nur mit Worten, sondern auch mit selbstgestalteten Bildern operieren zu lassen, wenn es um die Beantwortung komplexer Fragen (z. B. um solche im Umfeld des Todes und seiner Begleitphänomene) geht. Wer das tut, wird schnell merken, dass jedes einzelne von Kindern gemalte »Antwort-Bild« als »eindrückliches Ausdrucksgebilde«, das ein Stück kindlicher (Er-)Lebenswirklichkeit spiegelt, zu verstehen ist und in der Regel mehr und anderes »aussagt« als verbal Geäußertes.

Eine sinnvolle Ausgangs-Frage für die Einleitung eines Antwort-Gestaltungs-Vorganges mit Papier und Farbe(n) lautet: »Wie stellst du dir den Tod vor? Male dein Bild dazu!«[65] Allerdings braucht es in der Regel ein paar erläuternde Zusatzerklärungen, um sicherzustellen, dass wirklich die je eigene Vorstellung und nicht eine fremde (re-)produziert wird. Vor allen Dingen jüngere Kinder haben die Tendenz, ihre Antworten auf Erwachsenenfragen (auch Antworten in gemalter

---

65 Diese Frage ist nicht ohne Vorbereitung zu stellen; sie muss behutsam vorbereitet werden. Siehe dazu Itze, U./Plieth, M., Tod und Leben. Mit Kindern in der Grundschule Hoffnung gestalten. 2. Aufl. Donauwörth/Dortmund 2011, 120 ff.

Form) so »anzupassen«, dass (vermeintliche) Erwartungen und/oder Bedürfnisse der Fragesteller befriedigt werden. Sie möchten z. B. ihre Lehrer erfreuen (glücklich machen) und fragen unter Umständen sogar ganz offen danach, mit welchem Bildinhalt bzw. welcher Bildaussage sie das tun können.

Wenn das geschieht, sollte darauf hingewiesen werden, dass nur solche Bilder interessant und für den Unterricht nutzbar sind, die selbstständig und losgelöst von Vorstellungen anderer erarbeitet wurden.

> »Frau …, welches Bild möchtest du? Was soll ich dir malen? Einen Unfall, ein Krankenhaus oder einen Friedhof?« (Inga, 7 Jahre)
> »Weißt du, Inga, ich möchte dein Bild sehen können, nicht mein Bild. Mich interessiert deine Vorstellung. Wenn du die aufmalst, dann können wir bestimmt gut mit ihr arbeiten.« (Lehrerin)

Natürlich kommt es auch vor, dass Schüler keine Lust (oder sogar Angst davor) haben, eigene Bilder anzufertigen und (sich so) zu zeigen; aus diesem Grund kopieren sie manchmal die Werkstücke ihrer Klassenkameraden und vermeiden »Selbst-Aussagen«. Sollte das der Fall sein, ist nicht Tadeln angesagt, sondern vorsichtiges Nachfragen in Bildgesprächen unter vier Augen, bei dem vielleicht im zweiten Anlauf – ausgehend von den vorgelegten »Kopien« – verbal eine Brücke zu nicht präsentierten »Inn-Bildern«[66] geschaffen werden kann. Ist Letzteres nicht möglich, sollte auf keinen Fall insistiert und mit Druck gearbeitet werden, denn niemand (auch kein Schüler im Gegenüber zu einem Lehrer!) muss Auskunft über sein Innen[er]leben geben, und erpresste Äußerungen dürften (unabhängig davon, ob sie bildhaft oder worthaft sind) ohnehin nur begrenzt aussagekräftig und deshalb wenig brauchbar sein.[67]

Auch dann, wenn Kinder auf die mit dem Malauftrag verbundene Frage »Wie stellst du dir den Tod vor?« spontan und freiwillig reagieren wollen – was meistens der Fall ist –, gelingt es ihnen nicht immer

---

66 »Inn-Bilder« sind (Seelen-)Bilder, die Menschen (mehr oder weniger bewusst) in sich tragen und längst nicht immer »nach außen« transportieren.
67 Wird der Zugang zu bestimmten »Inn-Bildern« von einem Kind vehement verweigert, können unter Umständen auch im Bild gespeicherte, traumatisierende Erfahrungen gemacht worden sein, deren Bearbeitung in der Regel nur außerhalb des schulischen Kontextes (z. B. im Rahmen einer Therapie) möglich ist.

sofort, das entsprechende Mal-Motiv zu finden. Abhilfe bei solchen »Anfangsschwierigkeiten« schaffen u. a. »Phantasie-Geschichten«,[68] die Kontakt zu eigenen »Inn-Bildern« herstellen helfen. Gute Erfahrungen wurden z. B. mit der Geschichte »Von der unsichtbaren Digital-Kamera, die unsichtbare Bilder sichtbar werden lässt«[69], gemacht. In ihr wird davon erzählt, dass es eine wundersame und besonders wertvolle, leider unsichtbare Kamera gibt, die in der Lage ist, Bilder in den tiefsten Tiefen eines Menschen aufzunehmen. Wer die Kamera mit geschlossenen Augen in die Hand nimmt und sich dann auf seine Mitte konzentriert, findet im Sucher jedes angefragte »Tiefen-Bild« (auch das eigene Bild vom Tod!) und kann es durch Drücken des Auslösers aufnehmen. Wenn das Bild mehrere Sekunden lang intensiv fixiert und anschließend im Speicher der Kamera abgelegt wird, ist es mit wieder geöffneten Augen problemlos zu erinnern und auszudrucken (aufzumalen), also sichtbar zu machen. – Erwachsene können sich oft nicht vorstellen, mit so einer Kamera umzugehen, aber Kinder im Alter von 6 bis 12 Jahren sind dazu durchaus bereit und in der Lage – vorausgesetzt, die Kamera wurde im Klassensatz mitgebracht und so verteilt, dass wirklich jedes Kind sein eigenes Exemplar erhalten konnte ☺.

Die weitere Bearbeitung der »ausgedruckten« (aufgemalten) und so nach außen gebrachten »Inn-Bilder« erfolgt am besten in Bildgesprächen, in denen der Antwort-Charakter jedes einzelnen Bildes noch einmal besonders herausgestellt wird. Dabei sollte es sich idealerweise um Einzelgespräche handeln, die allen Kindern der Lerngruppe hinreichend Raum für Selbst-Exploration und -Explikation bieten.[70] Wenn das im stundenweise durchgeführten Regelunterricht mit nur einer Lehrkraft nicht möglich ist, können ersatzweise auch Klassengespräche durchgeführt werden, bei denen mehrere Bilder hintereinander in den Mittelpunkt rücken.[71] So oder so ist es äußerst wichtig,

---

68 »Phantasie-Geschichten« funktionieren wie »Phantasie-Reisen«. Sie ermöglichen eine Art »Innen-Schau« und den Export von Gedanken und Gefühlen nach außen.
69 Diese Geschichte habe ich für eine Klasse erdacht, in der gern und viel fotografiert wurde; sie hat sich aber auch in anderen Klassen bewährt.
70 Transkriptionen solcher Einzelgespräche finden sich in Itze, U./Plieth (2011), 33 ff.
71 Solche Klassengespräche sollten nicht vorschnell als »zweite Wahl« abgestempelt werden; sie haben auch Vorteile gegenüber den Einzelgesprächen – z. B. den,

bei einer gemeinsamen Betrachtung von Bildern keine wertenden Äußerungen zuzulassen und keine Bildaussagen bzw. -inhalte in das gemalt Dargebotene »hineinzuphantasieren«. Es kommt schließlich nicht darauf an, ob ein Bild bzw. Bildteil denen, die es anschauen, gefällt oder nicht, sondern darauf, etwas über seine »Entstehungsgeschichte« (und damit die Geschichte des Bildproduzenten!) erfahren zu können. Wenn Fragen zum Bild gestellt werden, sollten sie dementsprechend so formuliert sein, dass sie Antworten hervorbringen, die zur Präzisierung oder auch Kommentierung der im Malprozess bereits gegebenen beitragen. Dabei ist in erster Linie an offene Fragen zu denken, die dazu motivieren, ausführlicher und in narrativer Form zum eigenen Bild Stellung zu nehmen. Besonders bewährt im Bereich der Bildgesprächseröffnung hat sich auch die Kombination von neutral-konstatierenden Bildrezipienten-Aussagen[72] mit einem imperativisch formulierten Erzählimpuls, der wie eine Frage funktioniert.

»Ich sehe auf deinem Bild einen Baum mit schwarzen Wurzeln. – Bitte, erzähle mir etwas dazu!« (Lehrer)

Unterrichtliche Antwort-Anreizsituationen sind auch durch den Einsatz von Kinderbüchern, in denen Fragen zum Thema »Sterben, Tod und Traurigkeit« vorkommen, zu schaffen. Beispielhaft kann in diesem Zusammenhang das Buch »Abschied von Tante Sofia« von Hiltraud Olbrich angeführt werden.

In ihm begegnen zwei Kinder im Grundschulalter (Franziska und Fabian) dem Tod »sozusagen im ›Vorbeigehen‹ auf dem Weg zum Fußballplatz. Von dem Zeitpunkt an haben sie Fragen.«[73] Diese Fragen (insbesondere die Frage danach, wo die Toten sind) werden hauptsächlich von Tante Sofia, einer alten Frau, deren Nachbar und Freund Simon gerade gestorben ist, beantwortet – Letzteres aber immer so, dass weitergefragt und vor allen Dingen auch weitergeantwortet wer-

---

dass sie nicht nur Austausch mit sich selbst und einem Erwachsenen, sondern zusätzlich Austausch mit Gleichaltrigen ermöglichen.
72 Neutral-konstatierend sind solche Äußerungen dann, wenn sie keine Deutungen und Zuschreibungen enthalten, sondern umschreiben, was zu sehen ist bzw. gesehen wird (»Ich sehe auf deinem Bild einen Menschen mit schwarzem Gewand« statt »Du hast einen Pfarrer gemalt«).
73 Olbrich, H., Abschied von Tante Sofia. 5. Aufl. Lahr 2011, Einleitung, 2.

Abbildung 9: Cover des Buches »Abschied von Tante Sofia«

den kann, nämlich ohne Engführungen und Festlegungen. Wer mit den Texten und Bildern dieses Buches arbeitet, erhält – nicht zuletzt deshalb – viele Möglichkeiten, Kinder frage- und antwortfähig zu machen.[74]

Wer sich von den gegebenen Tipps dazu anregen lässt, Religionsunterricht zu dem »fragwürdigen« Thema »Sterben, Tod und Traurigkeit« so zu gestalten, dass sich dabei eine Frage-(Antwort-)Kultur als lebensförderliche Lern-Kultur herausbildet, wird sehr schnell merken, dass das zeitraubend, anstrengend und kraftzehrend ist. Aber er hat auch die Chance, immer wieder neu festzustellen, dass sich der Einsatz von Zeit und Energie tatsächlich lohnt. Kinderkommentare wie der nachfolgend abgedruckte, der am Ende einer einschlägigen Unterrichtsreihe formuliert wurde, machen das deutlicher als Erwachsenenworte es könnten.

»Ich hab' mal so 'ne Zeit gehabt, da hab' ich immer so ganz oft darüber nachgedacht, da hatt' ich auch immer Angst, wenn wir was ganz Schönes unternommen hatten. Wir sind vielleicht mit 'nem Fahrrad zum Minigolfplatz gefahr'n ... Dann denk' ich immer so: Wann wird das wohl mal zu Ende sein? Und so ... Dadran denk' ich halt dann immer. ... Mir ist dann immer der Gedanke(n) durch den Kopf geschwirrt, ja, gleich könnte jemand auf mich schießen oder ich springe aus'm Fenster oder so – weiß Gott nicht was – und da hatte ich immer, immer Angst und hab' versucht, mich abzulenken. Das hat mich dann halt auch nicht

---

74 Eine ausführlich dargestellte und kommentierte Unterrichtsreihe, in der mit »Abschied von Tante Sofia« gearbeitet wird, findet sich in Itze, U./Plieth (2011), 116 ff. In ihr präsentieren Schüler ihre ganz persönlichen Antworten auf Fragen zum Thema »Sterben, Tod und Traurigkeit« wort- und bildhaft.

davon abgebracht. Ich musste immer wieder daran denken und so. Aber jetzt ist das irgendwie kein Problem mehr halt, weil … Unheimlich ist es nicht. Es ist eigentlich … es ist halt nur der Tod. Seitdem ich keine Angst mehr hab', das ist, seitdem wir hier über den Tod sprechen. Dann hab' ich keine Angst, wenn ich darüber spreche. Es gibt Menschen, die stellen sich den Tod so vor. Es gibt auch welche, die stellen ihn sich anders vor, und es gibt welche, die denken, es gibt ihn gar nicht. Das denken ja z. B. kleine Babys. Die denken: ›Ha, was reden die da überhaupt? Das gibt's doch gar nicht. Das Leben geht doch immer noch weiter.‹ Jetzt seh' ich so viele Vorstellungen, jetzt seh' ich auch meine Vorstellung. Nach meiner Vorstellung ist das eigentlich gar nicht schlimm. Vielleicht steh' ich, wenn ich 'n Geist bin, an erster Stelle.« (Nina-Marie, 10 Jahre)

2.3 »Warum gehst du in die Kirche?« – Schulkinder fragen Gemeindeglieder nach Kirche und Glauben

Angela Heidler

Klassenstufe: 2. Schuljahr
In diesem Unterrichtsprojekt entdecken Kinder beides: Kirche als Gebäude und Kirche als Gemeinde. Auf ihrer »Entdeckungsreise« füllt sich die »Kirchenfragenbox«. Die entstandenen »Kirchenfragen« werden im Verlauf des Projektes Gemeindemitgliedern im Interview gestellt.

Mit Grundschulkindern auf Entdeckungsreise zu gehen in unbekannte Gefilde, ist eine besondere Chance ihre Neugier zu wecken. Das Thema »Kirche«[75] ist dafür erstaunlicherweise besonders geeignet: Sowohl das Kirchengebäude als auch die Kirche als Ort der Gemeinde, an dem Menschen ihrem Glauben Ausdruck verleihen, Gemeinschaft erleben,

---

75 Bildungsplan Grundschule Baden-Württemberg 2004, 27. »Der Religionsunterricht hat die Kirchengemeinde vor Ort mit ihren Angeboten für Kinder im Blick und regt die Zusammenarbeit von Schule und Gemeinde an.«

gemeinsam singen und beten, gehört inzwischen selten in den allgemeinen Erfahrungshorizont von Grundschulkindern.

Dem Projekt »Kirchenfragen« habe ich bewusst das Themenfeld »Mit Jesus auf dem Weg«[76] vorgeschaltet, um auf Jesus, seine Jüngerinnen und Jünger und einige biblische Geschichten[77] Bezug nehmen zu können und um einen inhaltlichen Bezug zu Kirche als Gemeinde (Gottesdienst, Predigt) zu ermöglichen.

Zu Beginn galt es, das Interesse und die Neugier der Kinder für das Thema und damit auch ihre Fragen zu wecken. Unvoreingenommen sollten sie den Kirchraum erkunden und die dort vorhandenen Dinge wie Prinzipalstücke, Orgel, Empore, Abendmahlskelche, Taufschale, Bibel und Kreuz, Osterkerze, Gesangbücher sowie die Raumaufteilung entdecken und danach fragen.

Auf dieser Basis entstand dann Raum für eigene, inhaltliche Fragen zu Glauben und Gemeinde, die über Wissensfragen hinausgingen.

In der Begegnung mit Gemeindemitgliedern hatten die Kinder dann die Gelegenheit, ihre Fragen nicht nur sich untereinander und mir zu stellen, sondern auch Menschen kennen zu lernen, die tatsächlich in die Kirche gehen, sich zu Glauben und Gemeinde befragen lassen und auf ganz unterschiedliche Weise »Kirche« leben und lebendig werden lassen.

Einstiegsphase

Um die Kinder zum Fragen für längere Zeit zu motivieren, habe ich ihnen das Projekt als »Kirchenforscherprojekt« vorgestellt. Ähnlich wie in den gängigen Kinderwissenssendungen wie »Willi will´s wissen« wurden sie zu kleinen »Kirchenforschern« ernannt – ausgestattet mit einem noch leeren »Kirchenforscherordner«. Darin enthalten waren ein Schnellhefter mit Deckblatt »Kirchenforschung«, einige leere Blätter für Zeichnungen, Skizzen und Notizen und einige nicht leicht zu findende »Suchbilder«, die es in der Kirche zu entdecken galt. Außerdem enthielt der Ordner mehrere von den Kindern noch auszufüllende Arbeitsblätter z. B. mit dem Grundriss der Kirche sowie zwei

---

76 Ebd.
77 Z. B. Fischzug des Petrus – Lk 5; Bartimäus – Mk 10; Heilung des Gelähmten – Mk 2; verlorenes Schaf – Lk 15.

Klarsichthüllen für evtl. Kleinteile, Flyer/Gemeindebrief und einen farbigen Papierkreis (als Markierungspunkt für den Lieblingsplatz).

Als Einstieg gab es eine sogenannte »Eingangsprüfung«, bei der alle »Kirchenforscher« zunächst selbst auf fünf Fragen antworten sollten – je nach eigenem Vermögen schriftlich oder mit eigenen Bildern. Die Fragen sind bewusst sehr allgemein gehalten – auch ohne visuelle Vorgaben.

Die Fragen wurden jeweils auf Gruppentische verteilt und nach einer Stillarbeitsphase wurde jeweils ein Austausch zu den Antworten angeregt – auf jedem Tisch lag eine Frage in einer Farbe mit entsprechendem Platz für die Antworten. Die eigenen Antworten und Bilder wurden dann in den »Kirchenforscherheftern« eingeklebt und gesammelt.

Ein Arbeitsblatt mit eben diesen Fragen bekamen die Kinder am Ende der zweiten Projektphase noch einmal. Sie haben ganz anders geantwortet, haben selbst entdeckt, was sie gelernt haben und vor allem entdeckt, wie viel mehr Fragen sie haben (Frage 5), seit sie mehr wissen.

Folgende Fragen wurden ihnen gestellt:

??? Was weiß du alles schon über Kirche???

Aufgabenstellung: *Schreibe* auf, was dir einfällt. Du kannst gern auch dazu etwas *malen*.

1. Was fällt dir alles ein, wenn du das Wort Kirche hörst?

2. Kann man eine Kirche von außen erkennen?
   Hast du eine Idee, woran?

3. Hast du eine Idee, was man in einer Kirche macht und warum Leute in die Kirche gehen?

4. Warst du schon mal in einer Kirche? Wann? – Wo? – Wie war das?

5. Was willst du gern noch alles über die Kirche wissen?

Kirchenforscherphase

Mit viel Neugier machten sich die Kinder als »Kirchenforscher« auf den Weg, um die Kirche vor Ort zu entdecken. Sie sollten zunächst den Raum erfassen und alle Gegenstände bezeichnen können. Dazu zeichneten sie in den Grundriss in ihrem Ordner die Inneneinrichtung der Kirche, forschten nach den »Suchbildern« und durften Fotos von ihrer interessantesten Kirchenecke machen. Bei allen wesentlichen Gegenständen gab es große Schilder mit »Fachbegriffen für Forscher« zu entdecken: Altar, Kanzel, Empore, Orgel, Paramente, Osterkerze, Glocken, Kirchturm etc. Diese »Forscherbegriffe« gab es dann auch als kleine Kärtchen, die in den nächsten leeren Grundriss eingeklebt werden sollten.

Für weitere Erkundungen wie Kirchenvermessungen zum Kirchengebäude, Kirche als Raum wahrnehmen, Räume in der Kirche entdecken (z. B. Altarraum), Lieblingsplatz suchen habe ich u. a. die gängigen Methoden der Kirchenpädagogik für Kinder eingesetzt.[78]

Die Kinder konnten nach kurzer Zeit Orgel, Empore, Altar, Taufkerze, Taufschale, Kanzel und Osterkerze benennen, erkennen und erklären, sogar die Paramente einordnen, haben verschiedenste »Lieblingsplätze« in der Kirche ausprobiert, gesungen und sich um den Altar versammelt.

Während dieser »Forscherphase« gab es eine »Kirchenfragebox« mit roten Fragezetteln. Hier konnten alle Fragen, die im Laufe der Zeit entstanden sind, aufgeschrieben und eingeworfen werden. Die »Kirchenfragenbox« wurde zwischen Kirche und Klassenzimmer hin- und hertransportiert, Fragen konnten immer gestellt und eingeworfen werden.

Am Ende dieser Phase haben alle Kinder die »Eingangsfragen« als Arbeitsblatt bekommen. Die dort formulierten, eigenen Fragen wurden zum Abschluss auch auf die roten Fragezettel geschrieben und in die Fragenbox geworfen.

Dann wurde die Box mit allen gemeinsam geöffnet und die vielen Fragezettel vorgelesen und in Stapeln auf Kleingruppen verteilt.

In Kleingruppenarbeit haben die Kinder die Fragen selbst geordnet und miteinander in den Gruppen über Antworten beraten und diskutiert.

Dabei ließen sich die Sachfragen (s. u.) oft schnell selbst beantworten, Fragen nach Gemeinde, Menschen und Glaubensinhalt führten zu Diskussionen und nicht selten zu noch mehr Fragen.

Die Fragen der Schülerinnen und Schüler lassen sich in drei Kategorien einteilen, einige seien ungefiltert aufgeführt:

Fragen nach der Kirche als Raum und Ort der Gemeinde und nach dem Gottesdienst:

- Was machen die Leute eigentlich in der Gemeinde?
- Was macht man im Gottesdienst?
- Was finden die Menschen am Gottesdienst gut?

---

78 Vgl. dazu Rupp, H. (Hg.), Handbuch der Kirchenpädagogik. Stuttgart 2006, 245 ff.

- Warum gehen Leute in die Kirche?
- Gehen Leute oft in den Gottesdienst?
- Haben alle einen Lieblingsplatz in der Kirche?
- Muss man für die Kirche bezahlen?
- Wie oft ist Gottesdienst?
- Kommen nur alte Leute in die Kirche?
- Wie viele Leute kommen in die Kirche?
- Darf man in der Kirche lachen?
- Singt man oft im Gottesdienst?
- Dürfen nur Pfarrer in der Kirche reden?
- Kommen auch Kinder in die Kirche?
- Was können Kinder in der Kirche machen?
- Gibt es Gottesdienst für Kinder?
- Wer spielt an der Orgel?
- Wie macht man eine Taufe?
- Darf ich immer wieder getauft werden?
- Was trinkt man aus dem Pokal?
- Trinkt man in jedem Gottesdienst Saft?
- Darf jeder in den Gottesdienst kommen?
- Macht man nur Gottesdienst in der Kirche?
- Wer darf die Kerzen anzünden?
- Warum läuten eigentlich die Glocken?
- Warum hat die Kirche einen Turm?

Fragen nach Glauben und Glaubenspraxis:
- Wie redet man mit Gott in der Kirche?
- Muss man an Gott glauben, wenn man in die Kirche geht?
- Was haltet ihr von Gott?
- Wohnt Gott in der Kirche?
- Wohnt Gott in jeder Kirche?
- Hat Gott eine Lieblingskirche?
- Was macht ihr, damit mehr Menschen an Jesus glauben?
- Welches ist euer Lieblingslied?
- Wie oft beten die Leute?
- Kennt Gott alle Leute aus der Kirche?
- Wie sieht Gott aus?
- Wie kann man machen, dass man an Gott glaubt?
- Muss man beten?

- Kann man Gott spüren?
- Betet man nur in der Kirche?
- Wie lange glauben die Menschen schon an Gott?
- Was bedeutet das Kreuz?
- Wo spürt man Gott am besten?

Frage nach biblischen Geschichten und Glaubensinhalten:
- Welche Geschichten von Jesus kennen die Leute in der Kirche?
- Welche Bibelgeschichte mögen die Leute hier am meisten?
- Stimmt die Geschichte von Petrus und dem Fischzug?
- Kennt ihr hier auch Mose und Jona?
- Stimmen alle Geschichten von Jesus?
- Redet man nur über Jesusgeschichten, wenn man in die Kirche geht?

Die Kirchenforscher treffen Gemeindemitglieder

In einer dritten Phase habe ich mit den Kindern den Besuch von Gemeindegliedern vorbereitet.

Die Fragen, die den »Experten aus der Gemeinde« unbedingt gestellt werden sollten, wurden von den Grundschulkindern zunächst in ihren Kleingruppen ausgewählt. Dann haben die Kinder sie abgeschrieben oder am Computer abgetippt und die einzelnen Zettel wieder in die »Kirchenfragenbox« gelegt.

Gemeindemitglieder, die in der Ortsgemeinde aktiv sind, wurden in den Unterricht eingeladen. Die konkreten Fragen waren den Gemeindemitgliedern im Vorfeld unbekannt – über den Ablauf des Besuchs und das, was die Kinder zuvor erarbeitet und vorbereitet hatten, waren sie natürlich informiert.

Zunächst mussten »Gemeindeexperten« die ersten vier der fünf Eingangsfragen an Gruppentischen in den Kleingruppen beantworten. Es war für die Kinder ein Erfolgserlebnis, als sie feststellten, dass sie selbst bestens über Außen und Innen der Kirche Bescheid wussten.

In einer zweiten Phase durfte dann jedes Kind eine Frage aus der Kirchenfragenbox ziehen und sie den Gästen stellen.

Je nach Größe der Religionsgruppe empfiehlt es sich, das Interview auch in Kleingruppen mit jeweils zwei Experten zu führen. Dann sind Kontakte und Gespräche individueller und die Kinder mit mehreren Fragen beteiligt. Zum Abschluss sind die Rollen vertauscht worden:

Nun durften die Gemeindemitglieder den Forscherkindern Fragen stellen. Um Antworten zu finden, durften sich die Kinder in kleinen Forschergruppen beraten

Je nach zur Verfügung stehendem Zeitumfang bietet es sich auch an, mit Kindern und den Gemeindemitgliedern in die Kirche zu gehen, vor Ort Fragen zu stellen und zu beantworten, sich gegenseitig Lieblingsplätze zu zeigen und evtl. den Besuch mit einem gemeinsamen Lied abzuschließen.

Im Nachklang

Gerade der Besuch der beiden Gemeindemitglieder ist den Kindern nachhaltig in Erinnerung geblieben, nicht nur weil sie ihre entstandenen Fragen an »Experten des Glaubens im Alltag« stellen konnten und sich ernst genommen fühlten, sondern weil sie das Fragen entdeckt haben – nicht nur bei sich selbst, sondern auch bei den Erwachsenen.

Auch ist ihnen nachgegangen, und das artikulieren sie immer wieder auch in den nun nachfolgenden Unterrichtseinheiten, dass Beten und Singen, biblische Geschichten, Gottesdienst und ein Lieblingsplatz in der Kirche nicht allein Inhalte des Religionsunterrichts sind, sondern auch bei erwachsenen Menschen und in Familien einen Platz haben und in unterschiedlicher Form gelebt werden können.

Ihr Interesse und ihre Faszination für den Kirchenraum mit all seinen Besonderheiten ist weiterhin vorhanden – auch als ein Ort der Stille, der besonderen geistlichen Atmosphäre und als Treffpunkt der Christen zum Gottesdienst. Und nicht selten wird der Wunsch geäußert, doch »endlich mal wieder in die Kirche zu gehen«.

Und dass »Forscher-Sein« und »Fragenstellen« nicht nur Spaß macht, sondern sich auch lohnt, weil Lernen dadurch konkret und anschaulich wird und viel schneller geht, das haben die kleinen Kirchenforscher der zweiten Klasse sofort entdeckt.

Und so ist es gewiss nicht verwunderlich, dass immer mal wieder der Vorschlag kommt, wenn ein Kind im Unterricht eine »große Frage« stellt: »Wir können doch wieder Forscher werden oder die Leute aus der Kirche einladen. Mal sehen, was die dazu denken!«

3 Unterrichtsideen zu einer schülerfragen-orientierten Didaktik – Sekundarstufe I

3.1 Kinder fragen – sind das »Kinderfragen«? Jüngere und ältere Schüler[79] im Austausch – Ein Unterrichtsprojekt zum Schulanfang an der weiterführenden Schule

Romy Tenge

Klassenstufe: 5. bis 12. Schuljahr
Mit einem großen Rucksack voller Fragen beginnen die Schüler nach der Grundschule in ihrer weiterführenden Schule. Diese Fragen werden aufgegriffen, das sich gegenseitige Fragen angeleitet und hinsichtlich religiöser Fragen im Austausch zwischen einer 5. Unterstufenklasse und einem 12. Oberstufenkurs weitergeführt.

Wo finde ich was (Toilette, Hausmeister, verschiedene Klassenräume)? Wer kümmert sich um was (Klassenlehrer, Hausmeister, Sekretärin)? Wie finde ich Freunde? Wer hilft mir (Mitschüler, Klassenlehrer, Schülerscouts)?

Das sind typische Fragen von Schülern an ihrer neuen Schule. Da ist es sehr hilfreich, wenn an Schulen »Tage der Eingewöhnung« stattfinden, in denen die Schüler eine erste Orientierung in ihrer neuen Situation bekommen.

---

79 Im folgenden Beitrag wird einzig aus Gründen der besseren Lesbarkeit nur die maskuline Form explizit erwähnt. Selbstverständlich ist die feminine Form stets mit gemeint.

1. Schritt: »Uns kennen lernen?! – Was könnte ich meine Mitschüler fragen«

Erstaunlicherweise wissen Kinder der 5. Klasse teilweise noch über die ersten Wochen hinaus wenig über ihre Mitschüler – sie fragen nicht nach, initiieren kaum Gespräche, vielleicht wissen sie auch nicht, was man fragen könnte. Gemeinsam werden deshalb Fragen gesammelt, anhand derer man sich näher kennenlernen kann, wie z. B.: Wie viele Geschwister hast du? Wie verläuft dein Schulweg? Auf welcher Schule warst du, wie hat es dir da gefallen? Was ist dein Lieblingsessen? Welche Haustiere hast du? Welche Gestalt in einem Buch wärst du gerne etc.? Bist du in einer Gemeinde aktiv? Wie feiert ihr dort Kindergottesdienst? Über eine Gesprächsmühle mit Außen- und Innenkreis, in dem die Fragen dem direkten stets wechselnden Gegenüber beantwortet werden, wird der Austausch angeleitet bzw. über eine Aufstellung in den vier Ecken (z. B. eine Ecke für alle die, die keine Geschwister haben; eine für die, die ein Geschwister haben; eine für die, die zwei Geschwister haben; eine für die, die mehrere Geschwister haben) findet eine visuell sichtbare Strukturierung statt.

2. Schritt: Religionsunterricht kennen lernen - »Mein Wunschstundenplan«

Die Arbeit an »Mein(em) Wunschstundenplan« knüpfte bei den Schülern der 5. Klasse gleich zu Beginn ihres Religionsunterrichts an ihre neuen Erfahrungen mit der Fächervielfalt in der weiterführenden Schule an. Der Arbeitsauftrag lautete:

> Stell dir vor: Du darfst deinen Stundenplan selbst gestalten! Welche Fächer gibt es auf deinem Plan? Du kannst Fächer, die du besonders magst, oft einsetzen, unbeliebte Fächer »rauswerfen« oder dir ganz neue Schulfächer ausdenken! Einzige Bedingung: Du musst genau die wöchentliche Stundenzahl einhalten, die auch dein echter Stundenplan hat!

Mit großer Freude bestimmten die Schüler ihren ganz persönlichen Stundenplan. Die anschließende Präsentation diente nicht nur der Selbstvorstellung, da auf diese Weise ganz selbstverständlich über eigene Hobbys und Lieblingsbeschäftigungen erzählt wurde, sondern förderte schon zu Beginn des gemeinsamen Unterrichts das gegenseitige Zuhören. Mit Interesse nahmen die Schüler Ähnlichkeiten oder ganz gegensätzliche Schwerpunktbildungen bei den einzelnen Stundenplänen wahr.

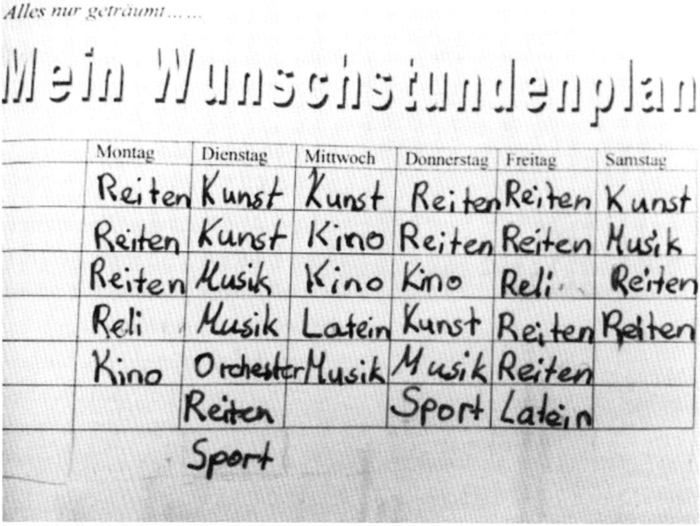
Alles nur geträumt ......

Mein Wunschstundenplan

Montag	Dienstag	Mittwoch	Donnerstag	Freitag	Samstag
Reiten	Kunst	Kunst	Reiten	Reiten	Kunst
Reiten	Kunst	Kino	Reiten	Reiten	Musik
Reiten	Musik	Kino	Kino	Reli	Reiten
Reli	Musik	Latein	Kunst	Reiten	Reiten
Kino	Orchester	Musik	Musik	Reiten	
	Reiten		Sport	Latein	
	Sport				

Abbildung 10: Wunschstundenplan

Der Bezug zum Religionsunterricht wurde eingeleitet durch die Frage »Wie viele Stunden habt ihr an das Fach ›Religion‹ vergeben?«

Diese Herangehensweise bot den Anstoß, sich mit den in der Lerngruppe neu zusammengesetzten Schülern der 5. Klasse über ihre bisherigen Erfahrungen mit dem Religionsunterricht in der Grundschule auszutauschen. Warum bekam der Religionsunterricht einen bzw. keinen Platz auf dem Wunschstundenplan?

Die Schüler hatten die Möglichkeit, sich an bisher erlebte Religionsstunden zu erinnern, die wegen des Inhalts oder der Methode besonders in Erinnerung geblieben waren. Gleichzeitig verwies dieser Ansatz auf die vielen unterschiedlichen Zugänge des Faches. Auch darauf, dass Religionsunterricht einen Raum bieten kann, in dem persönliche Fragen ihren Platz haben, kann das Gespräch gelenkt werden.

Das Pestalozzi-Zitat »Lernen mit Kopf, Herz und Hand« wurde in diesem Zusammenhang von den Schülern gedeutet sowie kreativ umgesetzt: Im Religionsunterricht soll gedacht und »nach-gedacht«, im Sinne der Ausbildung der Empathiefähigkeit auch gefühlt und empfunden werden; schließlich soll auch die praktische Arbeit nicht zu kurz kommen, um Unterrichtsinhalte besser »be-greifen« zu können.

3. Schritt: » Meine Fragen, unsere Fragen«

Diese Annäherungen bereiteten den Boden für inhaltliche Themenschwerpunkte des Faches. Worum geht es überhaupt im Fach Religion? Selbstverständlich nannten die Schüler Themengebiete wie 1. Gott, 2. Jesus und 3. Kirche, aber auch 4. mein Leben und 5. die Welt. Die skizzierten Oberthemen luden die Schüler ein, Fragen zu stellen. Sie sollten Fragen formulieren, die für sie wesentlich mit diesen Oberthemen verknüpft sind. Ausdrücklich wurden sie aufgefordert, sich auch an ihre »alten« Fragen, z. B. als noch jüngere Kinder, zu erinnern. Die anschließende Schreibarbeit wurde durch leise Meditationsmusik begleitet, was die Schüler im Anschluss als besonders angenehm beschrieben, da so ihre Gedanken noch besser auf eine Reise gehen konnten.

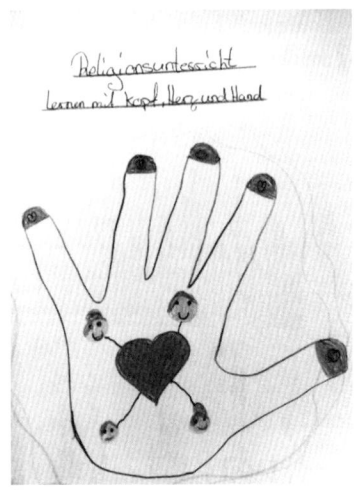

Abbildung 11: Zeichnung eines Schülers

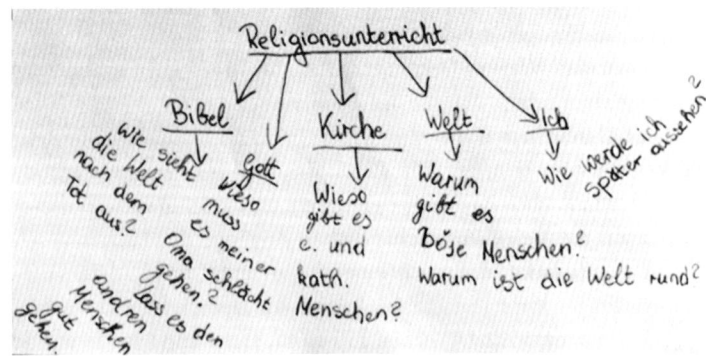

Abbildung 12: Fragezettel

Alle Fragen wurden anschließend von der Lehrkraft abgetippt, ohne die einzelnen Verfasser kenntlich zu machen.

Fragen für den Religionsunterricht:

1. Warum gibt es Krieg?
2. Wie sieht meine Zukunft aus?
3. Warum erlaubt Gott Verletzungen?
4. Ist die Bibel komplett?
5. Warum gibt es katholisch und evangelisch?
6. Warum kannst du die Welt nicht ändern?
7. Warum ist die Welt so böse?
8. Wie lange lebe ich?
9. Wie viele Seiten hat die Bibel?
10. Wo leben die meisten katholischen Menschen?
11. Wieso haben wir so viel und andere wenig?
12. Wieso können Leute nicht immer leben?
13. Warum gibt es Gott?
14. Wie wurde Gott erschaffen?
15. Warum sind manche Länder so arm?
16. Wieso gibt es die Kirche?
17. Warum gibt es die Bibel?
18. Wer hat Gott erschaffen?
19. Muss es eine Kirche geben?
20. Warum muss ich sterben?
21. Warum heißt die Welt »blauer Planet«?
22. Warum gibt es auf der Welt so viele Katastrophen?
23. Warum müssen so viele Menschen sterben?
24. Warum kriegen wir Krankheiten?
25. Wieso gibt es Mörder?
26. Gibt es mich nur einmal?
27. Wieso gibt es den Tsunami?
28. Warum gibt es mich?
29. Warum kann ein Mensch denken?
30. Warum müssen Menschen ihre Wut an anderen Menschen auslassen?
31. Wieso musste meine Oma sechs Tage nach meiner Geburt sterben?
32. Wie geht es meinem Großonkel?
33. Warum gibt es Menschen?

34. Warum gibt es alles?
35. Wie geht es nach dem Tod weiter?
36. Wieso bin ich ich?
37. Wer hat die Kirche erfunden?
38. Wie hat Gott die Erde erschaffen?
39. Warum lässt Gott die Menschen hungern?
40. Warum können wir Menschen nicht alles gleich?
41. Wie sieht Gott aus?
42. Wieso gibt es Zecken und andere Parasiten?
43. Was wird aus mir?
44. Warum sind wir, wie wir sind?
45. Warum gibt es Krankheiten?
46. Wie sieht die Welt nach dem Tod aus?
47. Wieso muss es meiner Oma schlecht gehen?
48. Warum gibt es böse Menschen?
49. Wie werde ich später aussehen?
50. Wie würde ich als Tier handeln?
51. Was passiert nach dem Tod?
52. Wieso glauben nicht alle Menschen an die Bibel?
53. Wieso hat Gott zugelassen, dass es ganz böse Menschen gibt?
54. Wieso dürfen Mönche nicht heiraten?
55. Wie wird es sein, wenn ich erwachsen bin?
56. Warum wurden die Israeliten in Ägypten so hart bestraft?
57. Wieso gehen manche Leute, die Zeit haben, nicht in die Kirche?
58. Warum gibt es Mörder?
59. Bekomme ich gesunde Kinder?
60. Wieso sind manche Menschen behindert?
61. Werde ich wiedergeboren?
62. Gibt es die Hölle?
63. Kommt man wirklich in den Himmel?
64. Warum gibt es Böse in der Bibel?
65. Warum gibt es Krieg?
66. Wie werde ich sein, wenn ich erwachsen bin?
67. Werden die Hüftschmerzen von meinem Opa weggehen?
68. Kommt man wirklich in den Himmel?
69. Gibt es die Hölle?
70. Warum gibt es die Bibel?
71. Wer hat die Bibel erfunden?

72. Tut es weh zu sterben?
73. Warum gibt es so viele böse Menschen auf der Welt?
74. Wieso gibt es die Schule?
75. Wie viele Leute hungern?
76. Wie groß werde ich?
77. Wieso gibt es Menschen?
78. Warum kann ich nicht hoch springen?
79. Warum musste mein Opa sterben?
80. Wie viele trauern im Leben?
81. Wie sieht Gott aus?
82. Warum zicke ich manchmal rum?
83. Wie viele hungern auf der Welt?
84. Wie groß ist die größte Bibel?
85. Warum war die Welt zu Jesu Zeiten so ungerecht?
86. Warum lassen sich Menschen scheiden?
87. Kennt mich mein Opa noch?
88. Warum gibt es tödliche Krankheiten?
89. Welche Religion ist die wichtigste?
90. Wie lange ist die Schöpfung her?
91. Gott – gibt es dich wirklich?
92. Warum gibt es evangelisch – katholisch?
93. Warum bin ich so wie ich bin?
94. Warum gibt es so viele Religionen?
95. Wie alt werde ich?

Die Schüler gingen sehr interessiert und respektvoll mit den Äußerungen der Mitschüler um, deckten Überschneidungen auf, fassten zusammen und erkannten in ihren Strukturierungsversuchen Gemeinsamkeiten und Unterschiede. Selbstständig ordneten sie ihre Fragen den zuvor benannten Themenschwerpunkten »Gott«, »Jesus«, »Kirche«, »Bibel« zu und ergänzten die Themen »Mein Leben« und »Die Welt«. Gerade die persönlichen Fragen unter der Überschrift »Mein Leben« wie z. B. »Warum bin ich so, wie ich bin?«, »Wie alt werde ich?« gaben Anlass zu Nachfragen und ermöglichten eine intensive Arbeitsatmosphäre. Oft fanden die Schüler auch eine »große« Frage, der viele »kleine« Fragen zugeordnet werden konnten: etwa die Theodizeefrage »Wie kann Gott so Trauriges zulassen?« wurde als »große« Frage für Schülerfragen wie z. B. »Warum musste mein Opa sterben?«,

»Warum ist der Unfall passiert?«, »Warum gibt es tödliche Krankheiten?«, »Warum sind manche Menschen behindert?« erkannt.

Viel Arbeit investierten die Schüler in die Systematisierung und die Zuordnung. Den Oberthemen lassen sich viele Fragen zuordnen. Einige der Fragen haben einen sehr persönlichen Bezug. Manche Fragen überraschen. Hat das auch mit Religion zu tun?

Zentral wurde die Frage: Sind diese Fragen eigentlich typisch für junge oder ältere Menschen? Haben ältere Menschen bzw. ältere Schüler darauf (andere) Antworten gefunden?

4. Schritt: »Fragen-Kreis«: Jüngere und ältere Schüler im Gespräch

Nachdem wir uns im Religionsklassenverband über die Fragen und mögliche Antworten ausgetauscht hatten, wollten wir andere Menschen mit in den Fragenkreis holen. Es entstand die Idee, dieses Vorhaben für eine Begegnung mit älteren Schülern zu nutzen. Die Schüler der 5. Klasse planten gemeinsam mit den Schülern des Jahrgangs 12 ihre Begegnungsstunde zu den erarbeiteten Fragen: Kennen die Großen auch diese Fragen? Sind das die gleichen wie unsere? Haben sie Antworten?

In der gemeinsamen Stunde stellten die Fünftklässler den Zwölftklässlern ihr Projekt vor und setzten sich dann in 4er-Teams (2 junge Schüler und 2 ältere Schüler) zusammen, um über ausgewählte Fragen zu sprechen. Dieser Austausch gestaltete sich überaus lebendig und fruchtbar, so dass sogar noch ein Folgetreffen vereinbart wurde. Das war für alle Beteiligten eine besondere Erfahrung. Dass sich die Oberstufenschüler z. Zt. mit dem Thema der Entwicklung von Gottesbildern beschäftigten und dabei zuvor z. B. anthropomorphe und symbolische Deutungen kennengelernt hatten, konnte für viele Gespräche genutzt werden. Die Begegnung von Schülern so unterschiedlicher Jahrgänge in einem solch intensiven Austausch wurde von einem Oberstufenschüler mit dem Begriff »win-win-Situation« charakterisiert.

Fazit: Was haben die Schüler aus dieser Begegnung mitgenommen?

Die Unterrichtsreihe forderte und förderte das Frageverhalten der Schüler und motivierte für die weitere Arbeit im Religionsunterricht, weil die Schüler die Erfahrung machten:

Meine Fragen sind wichtig und der Religionsunterricht gibt ihnen Raum. Auch ältere Schüler kennen meine Fragen. Manche Fragen können wir nur »umkreisen«, aber nicht vollständig beantworten.

Die Unterrichtsreihe ermöglichte ein besonders vertieftes Kennenlernen der neuen Mitschüler im Kursverband und darüber hinaus der Oberstufenschüler an der neuen Schule. Wie gewinnbringend sich diese Begegnungen im weiteren Verlauf entwickelten, zeigt sich an den vielen lebendigen Kontakten, die durch diese Unterrichtsreihe geschlossen wurden. Ein von den Schülern im Anschluss an diese Unterrichtsreihe gestaltetes Plakat hängt sowohl im Fachraum der 5. als auch der 12. Klasse – nicht als Erinnerung, sondern als Anstoß, sich weiter – allein oder miteinander – mit diesen großen Fragen zu beschäftigen. Gleichzeitig bietet das große Plakat Platz für neue Fragen, was von anderen Schülern gerne genutzt wird. So wächst der Fragen-Berg, wird aber auch zur Fragen-Kette innerhalb der Schulgemeinschaft. Viele bleiben stehen, lesen, manche greifen zum Stift und schreiben ….

»Es gibt Fragen, die einen umtreiben und vielleicht verstören, auf die es, anders als sonst fast immer in der Schule, keine richtigen oder falschen Antworten gibt. Aber es gibt dennoch Antworten. Antwor-

Abbildung 13: Fragenplakat

ten, bei denen die Wahrheit eine subjektive Seite hat.«[80] Schön wäre es, den »mitlaufenden Anfang« zentraler Lebensfragen zu erkennen und im Religionsunterricht Begegnungen mit Antwortversuchen zu ermöglichen.

3.2 Ein theologisch-philosophisches »Kindercafé« als Ort, Fragen zu lernen – ein Praxisbericht

Gabriele Obst

Klassenstufe: 5./6. Schuljahr
Als Förderung besonders begabter Kinder wurde im evangelischen Gymnasium Nordhorn ein theologisch-philosophisches Kindercafé veranstaltet, in dem die Fragen der Kinder und die Suche nach Antworten darauf eine besondere Rolle spielten.

Kinderphilosophie und Kindertheologie sind mittlerweile etablierte Teilbereiche der Philosophiedidaktik und der Religionspädagogik. Bei allen Unterschieden zwischen Kinderphilosophie und Kindertheologie, die unter anderen in der facettenreichen Beziehung und Differenz von Philosophie und Theologie begründet sind, ist beiden gemeinsam, dass in ihnen die Fragen der Kinder und die Entwicklung einer offenen Fragehaltung als Grundlage philosophischen und theologischen Nachdenkens im Mittelpunkt stehen.

Philosophische Cafés für Erwachsene gibt es in vielen Städten, theologische Cafés gibt es dagegen bislang nur in wenigen Städten (z. B. Pforzheim, Freiburg). Sie bieten die Möglichkeit, in anregender Umgebung mit einem interessierten Personenkreis ein philosophisches oder theologisches Thema zu durchdenken.

Seit 2002 haben sich in Nordhorn, einer kleinen, bis in die 1980er Jahre maßgeblich von der Textilindustrie geprägten Stadt ganz im Westen Deutschlands, Grundschulen und Gymnasien zusammengetan,

---

80 Riegel, E., Schule kann gelingen. Bonn 2004 (Bundeszentrale für politische Bildung Schriftenreihe Band 446), 56.

um besonders begabte Schüler[81] der Klassen 4 und 5 durch herausfordernde Lernangebote in ihrer Lernentwicklung zu unterstützen. Die Angebote kamen bislang vor allem aus dem Bereich Naturwissenschaften, der den Forschergeist der jungen Schüler besonders ansprechen soll. Es gab und gibt aber auch Angebote im Bereich Geschichte und Musik. Die Veranstaltungen werden entweder wöchentlich oder aber als Blockveranstaltung durchgeführt.

Aufgefordert ebenfalls ein Angebot für diesen Kreis von Schülern zu machen, lag es für mich nahe, etwas aus dem Bereich der Theologie zu wählen, da nach meiner Einschätzung geisteswissenschaftliche Begabungen – und entsprechend auch besondere theologische Begabungen – seltener wahrgenommen und gefördert werden als etwa naturwissenschaftliche oder sprachliche. Auf der Suche nach einem spannenden Thema entstand die Idee eines theologisch-philosophischen Kindercafés. Ziel des Tages war weniger ein bestimmtes Thema zu erarbeiten, als vielmehr die Schüler an Formen theologischen und philosophischen Fragens heranzuführen.

Alle Veranstaltungen wurden in einer kleinen Broschüre angekündigt:

> Kleine Kinder – große Fragen. Ein theologisch-philosophisches Café
> Was ist eigentlich unendlich?
> War ich schon da, bevor ich geboren wurde?
> Woher wissen wir, was gut ist?
> Haben auch Tiere eine Seele?
> Ist der ›liebe‹ Gott immer nur lieb?
>
> Viele Fragen, auf die es nicht nur eine Antwort gibt. Wenn ihr gerne über schwierige Fragen nachdenkt und euch immer neue Fragen einfallen, dann seid ihr in dieser Gruppe genau richtig. Bringt eure Fragen mit, vielleicht sogar auf einem Zettel! Ihr wisst ja: »… wer nicht fragt, bleibt dumm …« Philosophische Cafés gibt es sonst nur für Erwachsene, wir wollen hier in Nordhorn zum ersten Mal ein theologisch-philosophisches Kindercafé zu euren Fragen durchführen.

---

81 Im folgenden Beitrag wird einzig aus Gründen der besseren Lesbarkeit nur die maskuline Form explizit erwähnt. Selbstverständlich ist die feminine Form stets mit gemeint.

An einem schönen Ort mit Kakao (oder einem anderen Getränk) und Kuchen sollen eure Fragen den Tag bestimmen. Ihr werdet Antworten von anderen kennen lernen und eigene Antwortversuche ausprobieren. Ich lade euch zu einer Reise in neue (Gedanken-)Welten ein. Ihr werdet dabei begleitet von Schülern des Evangelischen Gymnasiums Nordhorn, die wie ihr Lust haben, sich viele Fragen zu stellen, auf die auch Erwachsene nicht so einfach eine Antwort haben.
Und noch eins: Seid nicht enttäuscht, wenn auch ich nicht auf alle Fragen antworten kann oder wenn es vielleicht sogar gar keine Antwort gibt. Wichtig ist, gemeinsam über das nachzudenken, was viele Kinder bewegt.
Teilnehmerzahl: maximal 15 Schüler
Alter: 4. Klasse
Termin: 21.1.2012 14:00–18:00
Ort: wird noch bekanntgegeben
Interessen: Ihr denkt gerne nach, grübelt oft vor euch hin, lest gerne, wollt wissen, was hinter den Dingen steht und gebt euch mit einfachen Antworten nicht zufrieden.
Leitung: Dr. Gabriele Obst

Auf dem Turm der ehemaligen Textilfabrik Povel in Nordhorn stehend bestaunten die Schüler die Stadt von oben und stellten fest, wie anders sie aus dieser Perspektive aussieht. Ich erklärte den Schülern, dass es genau darum an diesem Tag gehen werde – die Perspektive zu wechseln und die Dinge aus einer anderen Blickrichtung zu sehen – und dass dies ein zentrales Anliegen der beiden alten, großen Wissenschaften ›Theologie‹ und ›Philosophie‹ sei.

Angeregt durch ein Bild aus dem Buch von Gabriele Münnix, »Anderwelten. Eine fabelhafte Einführung in die Welt des Philosophierens« ergab sich ein spannendes Gespräch über die Frage, wie verschieden man die Welt aus einer unterschiedlichen Perspektive sehen und deuten kann. Die Welt ist nicht immer gleich – so lautete das Fazit des ersten Gesprächsganges – es kommt auf die Perspektive an. Man staunt darüber, was der andere sieht und beginnt zu fragen.

Alle Schüler hatten Fragen mitgebracht, viele auch Bücher, die bereits erste Antworten auf die die Kinder interessierenden Fragen gaben. Die Fragen bewegten sich auf sehr unterschiedlichen Ebenen: Viele Fragen waren Fragen nach dem Weltall, seiner Entstehung,

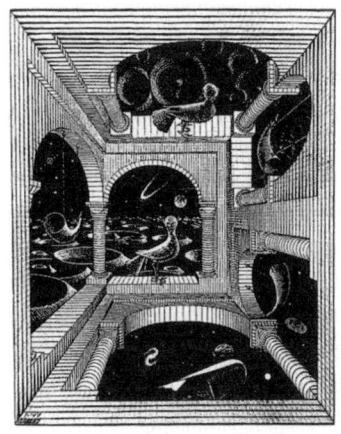

»Kann man die Perspektive wechseln?«

Abbildung 14: Escher-Graphik

nach anderen Lebewesen, die wir nicht kennen (»Gibt es noch weitere Planeten als wir wissen?«). Daneben gab es eine Reihe von Fragen nach Naturphänomenen (»Kann man die Erdanziehung spüren?«), Wissensfragen (»Wie viele Menschen leben auf der Erde?«), Fragen nach der Entstehung oder dem Ursprung von Dingen (»Welches Tier gab es zuerst auf der Welt?«; »Warum ist Englisch eine Weltsprache?«), schließlich eine Reihe von im weitesten Sinne ethischen Fragen (»Warum kann nicht jeder Mensch eine Arbeit und ein Haus haben?«), anthropologische Fragen (»Was ist Glück?«; »Warum bin ich so wie ich bin?«), Fragen nach dem Beginn und dem Ende des Lebens (»Wo kommt der erste Schwung her?«; »Wieso gibt es den Tod?«), Fragen nach Gott und der Bibel (»Wie ist man darauf gekommen, dass es einen Gott überhaupt geben kann?«; »Ist alles, was in der Bibel steht, wirklich so passiert?«). Angesichts der Fülle der Fragen galt es zunächst zusammen mit den Schülern die unterschiedlichen Fragen zu sortieren. Das fiel den meisten zunächst sehr schwer, da sie alle Fragen auf der gleichen Ebene, nämlich auf der der beantwortbaren Wissensfragen, ansiedelten. Erst nach langem gemeinsamen Nachdenken, das in dieser Form sicher nur in diesem Kreis besonders aufgeweckter Schüler möglich ist, wurde durch einen Definitionsvorschlag eines Schülers deutlich, dass philosophische und theologische Fragen dadurch ausgezeichnet sind, dass es auf sie keine einfachen ›Ja-Nein-Antworten‹ gibt. Auf dieser Grundlage sichteten die Schüler die Fragen ein weiteres Mal. Schließlich unterschieden sie noch zwischen Fragen, auf die es eine Antwort gibt bzw. möglicherweise in der Zukunft eine eindeutige Antwort geben wird und Fragen, die grundsätzlich nicht eindeutig zu klären sind, dennoch aber spannend sind. Jeder durfte dann zwei dieser offenen Fragen durch Bepunktung auswählen, die er für besonders spannend hielt. Besonders interessierten sich die Schüler für die folgenden Fragen: »Gibt es ein Ende von allem?«; »Hat eigentlich jeder Mensch eine gute Seele?«; »Wo wohnt Gott?«; »Warum sind die Menschen so unterschiedlich«? In kleinen Gruppen sammelten die Schüler erste eigene Antwortideen zu den Fragen und trugen sie dann den anderen vor. Weil es mir vorrangig um die Fragehaltung ging, habe ich an dieser Stelle bewusst darauf verzichtet, den Schülern Material mit unterschiedlichen Antwortmöglichkeiten vorzugeben. Sie sollten das Fragen und Nachdenken aushalten, ohne sich gleich auf Antworten zu stürzen. Zwar riskiert man auf diesem Weg eine gewisse Oberflächlichkeit, aber in dieser Phase kam es darauf an, zunächst einmal die fragende, suchende Haltung als Grundhaltung des Philosophierens und Theologisierens einzuüben. Gleichwohl hat dieses Verfahren seine Grenzen (s. u.).

In einer auswertenden Gesprächsrunde haben die Schüler darüber nachgedacht, warum das Fragen wichtig ist und ob auch Erwachsene Fragen haben, auf die sie keine Antworten haben.

Im Anschluss daran starteten die Schüler in Zweierteams mit einem Fragebogen in die Nordhorner Innenstadt und befragten die zahlreichen Passanten: »Gibt es eine oder sogar mehrere Fragen, auf die Sie keine Antwort wissen?« Die Passanten reagierten zuweilen etwas überrascht, für die Schüler war es aber eine interessante Erfahrung zu sehen, dass auch die Erwachsenen erst einmal ins Nachdenken kamen. Der Auftrag forderte sie heraus und ermutigte sie, den Erwachsenen zu erklären, warum es wichtig ist, Fragen zu stellen. Im Abschluss stellten die Schüler den anderen Teilnehmern die von den Erwachsenen gestellten Fragen vor. Die Schüler verglichen die von ihnen mitgebrachten Fragen mit denen der Erwachsenen und waren zum Teil verblüfft, dass viele Erwachsene ähnliche Fragen haben, auf die sie wie die Kinder auch keine Antworten wissen.

Nach einem Vormittag voller Fragen gab es eine Stärkung bei Kakao und Kuchen. Neben der inhaltlichen Auseinandersetzung trug die Caféatmosphäre nicht unerheblich dazu bei, dass die Kinder sich ernst genommen fühlten. Schwierig war es, dass die von den Schülern mitgebrachten Fragen nicht intensiver bearbeitet werden konnten, insofern sind Nachfolgeseminare notwendig, die diese Fragen aufgreifen und dazu anleiten, sich mit verschiedenen Antworten auseinander zu setzen. Um am Nachmittag noch inhaltlich an einer Frage zu arbeiten, habe ich im Vorfeld einen Bereich aufgegriffen, von dem ich annahm, dass er sowohl von den Kindern als auch von den Erwachsenen genannt

Theologisch-philosophisches »Kindercafé« 73

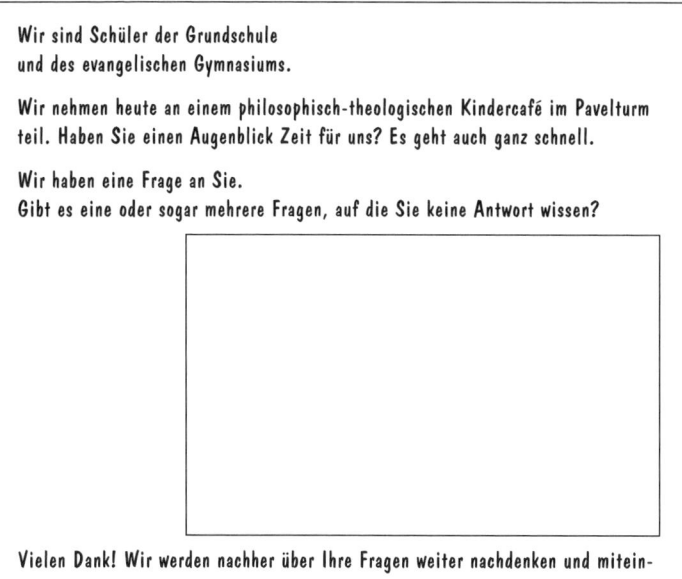

Abbildung 15: Fragebogen

werden würde. »Gibt es ein Ende von allem?« – so hatte tatsächlich ein Kind die Frage nach Unendlichkeit und Endlichkeit, also im umfassenden Sinn die Frage nach der Zeitlichkeit des Lebens, formuliert. Das Thema »Zeit« schien mir offen genug, um daran weiter zu arbeiten. Insbesondere war mir wichtig, dass man »Zeit« in vielerlei Hinsicht erfassen kann: mechanisch-physikalisch, aber eben auch philosophisch und theologisch. In der Wahrnehmung der eigenen – begrenzten – Lebenszeit wird das dem Leben Orientierung gebende Gesamtkonzept deutlich: Ist die gegebene Zeit ein zufälliges (oder auch schicksalhaftes) Ereignis oder ist sie ein Geschenk Gottes, das der Mensch in Freiheit und Verantwortung gestalten kann? Eine erste Annäherung an diese komplexe Fragestellung sollte mit den Schülern unternommen werden. Nach meiner Wahrnehmung waren die Schüler dankbar, dass es im zweiten Teil des Tages nicht nur um eine Frage (Was ist eigentlich Zeit?) ging und dass nicht nur die eigenen Antwortversuche der Schüler diskutiert wurden, sondern dass mit Hilfe eines Radiobeitrages (Was ist Zeit? Ein Beitrag aus dem Kinderkanal Kakadu des Deutschlandfunks) das Thema intensiv beleuchtet werden konnte. Nach einer Auswertung der Radiosendung haben die Kinder ihre Zeitvorstellung und das, was sie in der Radiosendung gehört haben, in Bildern dokumentiert.

Abbildung 16: »Zeit« von Kindern gemalt

Nach einem Vormittag, an dem weitgehend in Gesprächsform gearbeitet wurde, haben die genannten Medien und Methoden den Kindern andere Zugangswege zu theologischen und philosophischen Fragestellungen gezeigt.

Fazit: Fragenlernen ist anstrengend. Theologisch und philosophisch interessante Fragen von Kindern entdecken zu lassen, ist ein höchst anspruchsvolles Unternehmen und verlangt von den Kindern kognitive Höchstleistungen. Insofern war dieses Vorhaben für einen Kreis besonders begabter Kinder geeignet. Ein theologisch-philosophisches Kindercafé kann einen geeigneten Raum bieten, um mit Kindern philosophische und theologische Gespräche zu führen. Bei den Fragen darf es – auch aus der Sicht der Kinder – nicht bleiben. Sie wünschen sich Antworten und wollen sich mit Antworten auseinander setzen. Neben Gesprächsformen muss es auch andere Methoden geben (hier z. B. die Passantenbefragung), die den Kindern eine eigenständige und nicht allein sprachliche Erarbeitung der jeweiligen Themen ermöglicht.

3.3 Was verleiht dem Leben Sinn? – Ein Unterrichtsvorhaben zu Sinnfragen in Janne Tellers »Nichts« in einer 10. Klasse

Bärbel Husmann

Klassenstufe: 10. Schuljahr
Anhand des Jugendbuchs »Nichts, was im Leben wichtig ist« werden Sinnfragen der Schülerinnen und Schüler mit Sinnfragen des Romans ins Gespräch gebracht, Antworten der Tradition (Philosophie und Theologie) werden auf der Suche nach eigenen Antworten bearbeitet und deren literarische Spuren im Roman gesucht.

Erfahrungen und Fragen

Meiner Erfahrung nach ist es relativ leicht, Schülerinnen und Schüler so in Fragen über den Aufbau des Benzol-Moleküls zu verwickeln, dass sie intensiv an Modellen zur Lösung dieser Fragen arbeiten. Im Vergleich dazu viel schwieriger ist es, sie im Fach *Religion* zum Stellen von (und Nachdenken über) Sinnfragen anzuregen. Woran liegt das?

Das Benzolmolekül als solches hat fast nichts mit der Lebenswelt von Jugendlichen zu tun. Gerade das aber scheint kein Hinderungsgrund zu sein, sich mit seiner Struktur zu befassen. Die Bereiche, in denen es aus Sicht der Lehrerin durchaus um die Lebenswelt ihrer Schülerinnen und Schüler ginge, beispielsweise die Zerstörung ihrer Umwelt oder ihrer Gesundheit durch chemische Produkte, die auf der molekularen Ebene Benzol enthalten, wecken keineswegs ein besonderes Interesse: Meine Schülerinnen und Schüler im Leistungskurs Chemie lesen keine Wochenzeitungen, keine politischen Magazine, erst recht nicht Veröffentlichungen von Umweltorganisationen. Skandale dringen nur in ihr Bewusstsein, wenn sie es in die Abendnachrichten schaffen. Selbst wenn sie sich im Unterricht umfassend mit einem chemisch-gesellschaftlichen Problem auseinander gesetzt haben und Vor- und Nachteile sachgerecht diskutieren können, schauen sie mich auf meine Frage, ob sie nun ihr Konsumverhalten an dieser oder jener Stelle ändern würden, treuherzig an und antworten: »Nö, eigentlich nicht.«

Erstes Fazit: Schülerinnen und Schüler lassen sich im Fach *Chemie* auf kognitive Denkanstrengungen ein. Zwingend nötig ist es für sie dabei nicht, dass diese Denkanstrengungen eine Relevanz in Bezug auf ihr Leben haben.

Im Fach *Religion* verhält sich meiner Erfahrung nach die Bereitschaft, sich in kognitiv herausfordernde Fragen verstricken zu lassen, anders. Sie ist nämlich eher schwach ausgeprägt.[82] Wie aber verhält es sich mit *emotional* herausfordernden Fragen, die auf den ersten Blick »nur« an die eigene Existenz rühren?

Die Frage nach dem Sinn des Lebens ist so eine Frage. Jeder muss diese Frage in irgendeiner Weise für sich beantworten. Janne Tellers Buch biete die Chance, solche Fragen zu evozieren und zu diskutieren, ohne sie zugleich allzu schnell als eigene ausgeben zu müssen. Meine Schülerinnen und Schüler aus der 10c, drei Jahre älter als die Protagonisten des Romans, ließen sich schnell und bereitwillig auf das Unterrichtsvorhaben ein. Es mag eine Rolle gespielt haben, dass ich als Lehrkraft echte Fragen hatte: Ich wollte erstens wissen, was es mit der »Gefährlichkeit« dieses Buches auf sich hat, die in so vielen Lehrer-Foren beschworen wurde. Und ich wollte zweitens wissen, welche Fragen das Buch bei 16-Jährigen anregt. Die erste Frage habe ich der Lerngruppe offen gelegt. Die zweite Frage habe ich in der ersten Doppelstunde im Unterricht gestellt.

Kurzbeschreibung des Romans

Protagonisten des Romans sind die 23 Schülerinnen und Schüler der Klasse 7A einer dänischen Kleinstadt-Schule. Eine von ihnen, Agnes, ist die Ich-Erzählerin. Einer der Schüler, Pierre Anthon, beschließt eines Tages, dass nichts etwas bedeutet, er verlässt den Unterricht und fungiert anschließend als personifizierte Frage: Er sitzt in einem Pflaumenbaum und ruft seinen Mitschülerinnen und Mitschülern Fragen und Kommentare zu, die sie in eigenes Fragen und Suchen bringen, vor allem aber gesammelten Widerstand gegen seine nihi-

---

82 Hier trifft meine alte Vermutung zu, dass Schülerinnen und Schüler als Spiegel der Gesamtgesellschaft vom Religionsunterricht nicht viel an zu leistender Denkanstrengung erwarten. Vgl. Husmann, B., Pädagogische Perspektiven für die Begabungsförderung im Fach Evangelische Religion. In: Guttenberger, G./ Husmann, B. (Hg.), Begabt für Religion. Religiöse Bildung und Begabungsförderung. Göttingen 2007, 120–135.

listische Position in Gang setzen. Sie errichten nach und nach einen »Berg der Bedeutung«, auf dem Gegenstände landen, an denen für die einzelnen Schülerinnen und Schüler ihr Herz hängt. Gekoppelt mit der Wucht, die eine Gruppe als Gruppe entfalten kann, eskalieren die weiteren Ereignisse bis hin zum gemeinschaftlichen Zum-Schweigen-Bringen Pierre Anthons.

Aufbau und Ablauf der Unterrichtssequenz

»Nichts bedeutet irgendetwas. Deshalb lohnt es sich nicht, irgendetwas zu tun.« (1. Doppelstunde)

Ziel: Die Schülerinnen und Schüler erhalten einen ersten Eindruck vom Roman und formulieren dadurch angeregt eigene Fragen (an das Thema des Romans/den Protagonisten).

Der Lerngruppe wurden die Seiten 8 bis 24 (Kapitel I bis IV) vorgelesen: Die Kinder der 7A haben den Entschluss gefasst, Pierre Anthon zu »beweisen, dass es etwas gibt, was etwas bedeutet« (S. 24).

Niemand kannte das Buch. Niemand hatte den Klappentext gelesen. Die Schülerinnen und Schüler tauschten zunächst erste Eindrücke aus. Danach wurden auf Karteikarten Fragen gesammelt, die sich aus dem bisher Gehörten ergaben. Weil die Aufgabenstellung relativ offen war, gab es Fragen auf sehr unterschiedlichen Ebenen. Sie wurden anschließend zwar in zwei Kategorien voneinander getrennt: schwere Fragen und leichte (oder nicht zu beantwortende) Fragen. Aber diese Unterscheidung war natürlich nicht trennscharf, sondern diente vor allem dazu, die eigentlichen Sinnfragen zu fokussieren (als »schwere« Fragen). Die Fragen wurden auf ein Plakat geklebt und im Klassenraum aufgehängt, so dass sie uns immer vor Augen waren. Insbesondere die »schweren« Fragen spielten im weiteren Verlauf des Unterrichts immer wieder eine Rolle. In der letzten Doppelstunde sind wir sie noch einmal eigens durchgegangen und haben mögliche Antworten formuliert.

Was habe ich damit zu tun? – Die Spirale der Gewalt
(2. Doppelstunde)

Ziel: Die Schülerinnen und Schüler setzen sich mit den sich im Verlauf des Romans immer mehr in den Vordergrund schiebenden »Neben«-Motiven auseinander.

Nach dem Austeilen der Bücher wurde jeder Schülerin und jedem Schüler per Los eine Figur des Romans zugeteilt. Wir lasen danach abwechselnd gemeinsam die Kapitel V bis X.

Die Schülerinnen und Schüler schrieben anschließend aus der Sicht ihrer Figur in Ich-Form einen Text mit dem Titel »Was bisher geschah«. Die Identifikation mit *einem* Schüler/*einer* Schülerin sollte den Blick von der Gruppe auf das individuelle Erleben und auf die eigenen Anteile im Geschehen richten.

Hausaufgabe war, die Kapitel XI bis XIII (maximal bis Kapitel XVII) zu lesen. Kapitel XIII beschreibt eine aus meiner Sicht sehr harte Eskalationsstufe (Sophie wird defloriert); dieses Kapitel sollte jeder individuell lesen (können).

Woher kommt Pierre Anthons Position? – Ein Vergleich zwischen »Der Fremde« und »Pierre Anthon« (3. Doppelstunde)

Ziel: Die Schülerinnen und Schüler erarbeiten eine beispielhafte existenzialistische Position und vergleichen sie mit der Position Pierre Anthons.

Zunächst wurden die geschriebenen Texte aus der vorigen Stunde in Partnerarbeit im Rahmen einer »Schreibwerkstatt« optimiert. Manche hatten nicht in Ich-Form geschrieben, viele mussten ermutigt werden, Leerstellen auszufüllen. Etliche haben die Zeit genutzt, die Gedanken und Gefühle ihrer Person stärker auszuarbeiten. Hausaufgabe war, die Texte in eine digitalisierte Form zu bringen und mir per E-Mail zuzuschicken. Dieser Arbeitsschritt kostete viel Zeit; es war offensichtlich, dass die Lerngruppe aus dem Deutschunterricht nur den inneren Monolog als Textform kannte, jedoch keine Schreibwerkstatt und kein nicht-analytisches Arbeiten mit poetischen Texten.

Anschließend lasen wir einen Abschnitt aus Camus' »Der Fremde«. In einem Tafelbild wurden die Ergebnisse des Unterrichtsgesprächs zusammengefasst. Eigentlich sollte es nur um den Vergleich zwischen dem Fremden und Pierre Anthon gehen; das Herausarbeiten der existenzialistischen Position(en) rief jedoch zahlreiche Wortmeldungen mit Gegenpositionen und Widerspruch hervor, so dass wir (an der Tafel) eine dritte Spalte hinzufügten, in der wir diese Gegenpositionen sammelten.

»Was ist dein einziger Trost im Leben und im Sterben?«
(4. Doppelstunde)

Ziel: Die Schülerinnen und Schüler setzen sich mit einer theologischen Gegenposition auseinander und entwickeln eigene Antworten.

Der Verlauf der vorigen Doppelstunde schien es mir erforderlich zu machen, nicht in einem defensiven Habitus, sondern aktiv der Sinn-Frage Raum zu geben. Deshalb legte ich meinen Schülerinnen und Schülern als Einstieg die Frage 1 (ohne Antwort!) des Heidelberger Katechismus vor: »Was ist dein einziger Trost im Leben und im Sterben?« Sie sollten drei Antworten schreiben: ihre eigene, Pierre Anthons (zur Sicherung und Wiederholung) und die mutmaßliche Antwort Janne Tellers. Um sachgerechte Aussagen zu Janne Teller treffen zu können, schloss sich eine entsprechende Internetrecherche an. Sowohl ihr Verlag als auch etliche deutsche Wochenzeitungen haben Informationen zu ihrer Person und Interviews auf ihren Websites. Interessant war beim anschließenden Vergleich (auch mit der Antwort des Heidelberger Katechismus selbst), dass die Jugendlichen die Frage nach dem *Trost im Sterben* besonders beschäftigt hatte und sie in ihr die spezifisch religiöse Dimension erkannten, während die Frage nach dem *Trost im Leben* auch gut ganz diesseitig beantwortbar war. Ihr Fazit: Janne Teller berührt diese religiöse Dimension im Roman nur sehr oberflächlich – trotz der Verwendung von zwei »religiösen Symbolen« (Gebetsteppich und Kreuz), die auf dem »Berg der Bedeutung« landen. Der Verlust des Gebetsteppichs wird eben »nur« funktional beschrieben, inhaltlich ändert sich für Husseins Glauben nichts. Auch das Kreuz ist als kirchliches Eigentum und Wertgegenstand beschrieben; es hat nichts mit Kais Religiosität zu tun.

Hausaufgabe war es, den Roman zu Ende zu lesen.

Mögliche Antworten auf die Frage, was dem Leben Sinn verleiht
(5. Doppelstunde)

Ziel: Die Schülerinnen und Schüler setzen sich mit verschiedenen philosophischen Bezugspunkten und theologischen Gegenpositionen auseinander.

Während der Internetrecherche war die Lerngruppe auf die Frage gestoßen, dass Pierre Anthons Position in manchen Rezensionen als nihilistisch, in manchen als existenzialistisch, in manchen mal so und mal so klassifiziert wurde. Sind nun alle Existenzialisten zugleich Nihilisten? Worin unterscheiden sie sich? Sind das eine nur Franzosen? Und kann Nihilist sein, wer glaubt? Diese Fragen mussten geklärt werden und wurden mit einem Auszug aus »Sofies Welt« von Jostein Gaarder beantwortet.

Unbefriedigend blieb in der vergangenen Doppelstunde auch – allerdings eher für mich als Lehrerin –, dass die bisher einzige Antwort aus der christlichen Tradition die des Heidelberger Katechismus war. Während ich bei der Frage das Wort »Trost« entgegen meiner Erwartung nicht hatte erklären müssen, war die Antwort des Heidelberger Katechismus (»Dass ich mit Leib und Seele, im Leben und im Sterben, nicht mir, sondern meinem getreuen Heiland Jesus Christus gehöre ...«) für meine Schülerinnen und Schüler nicht gerade verständlich.

Sie lasen deshalb Mt 19,16–22 (Frage nach dem ewigen Leben) und Pred 3,1–13. Anschließend erarbeiteten sie arbeitsteilig in Gruppen ein Texttheater zu einem der drei Texte, die sie zur Sinnfrage aus der christlichen Tradition kennengelernt hatten. Das Texttheater ist eine zwar zeitaufwändige, aber sehr effektive Methode, um über den kreativen Umgang mit einem Text seine Hauptaussagen herauszuarbeiten.[83] Die Schülerinnen und Schüler kommen über Fragen, wie sie welche Textstelle sprachlich inszenieren sollen, automatisch auch darüber ins Gespräch, wie sie Dinge verstehen und was (ihnen) wichtig/unwichtig ist.

Hausaufgabe war das Schreiben einer Rezension: »Ist ›Nichts‹ ein gutes, empfehlenswertes Jugendbuch?«

Eigene Antworten auf die Sinnfrage (6. Doppelstunde)

Ziel: Die Schülerinnen und Schüler entwickeln eine eigene Position zum Sinn des Lebens.

Die Doppelstunde begann mit der Aufführung von drei Text-Theater-Inszenierungen. Die Entscheidung für einen bestimmten Text war eher intuitiv gefällt worden (manchmal ganz pragmatisch aufgrund der Textmenge). Bei der Arbeit hatte sich für alle eine deutliche eigene Positionierung herauskristallisiert. Insbesondere bei der Gruppe, die

---

83 Methodenbeschreibung in: Husmann, B./Merkel, R. (Hg.), Moment mal! 2. Evangelische Religion Gymnasium (Ausgabe für Jg. 7–9 NRW). Stuttgart 2013, 239.

die Frage 1 samt Antwort des Heidelberger Katechismus inszeniert hatte, war klarer geworden, was genau mit der Antwort gemeint war. Selbst teilen mochte diese Position allerdings kaum jemand; zu fremd ist die dahinter stehende Blut- und Sühne-Theologie. Erstaunt nahmen sie zur Kenntnis, dass es innerbiblisch verschiedene Positionen zur Sinnfrage gibt. Die Antwort des »Predigers« hatten sie aus der Bibel nicht erwartet. Ethisches Verhalten (wie in der Frage nach dem ewigen Leben) war für sie »normal«, die Infragestellung des Zusammengehens von Reichtum und ewigem Leben hingegen eher anstößig, fahren doch die meisten ihrer Väter und Mütter keine Kleinwagen und leben die meisten von ihnen in Einfamilienhäusern oder -villen am Rand des Hamburger »Speckgürtels«. Tröstlich aber – und hier war ein Bezugspunkt zur Frage 1 des Heidelberger Katechismus – war Mt 19,26: »Bei Gott sind alle Dinge möglich.«

Was hat im Leben Bedeutung? Was verleiht dem Leben Sinn? Warum hat der »Berg der Bedeutung« ein Museum interessiert? Wer schreibt überhaupt Bedeutungen zu? Und wann ist etwas so bedeutungsvoll, dass es »Kunst« wird? Meine Frage nach ihrem Eindruck vom Ende des Romans provozierte diese Fragen. Sie wurden mit der Betrachtung der Plastik »Haufen« (1976–1999) von C. O. Paeffgen aus der Sammlung Harald Falckenberg im benachbarten Hamburg-Harburg (Mixed-Media-Umwicklung, Durchmesser: 64 x 115 cm) noch einmal verschärft. Paeffgen zeigt Alltagsgegenstände: Flaschen, Plastikverpackungen, Zeitung – manches mutet wie Wohlstandsmüll an. Alles ist aufgeschichtet und sorgsam umwickelt. Es ist nur ein »Haufen«, ein Haufen Dreck? Ein Haufen immerhin in einer Sammlung eines der bedeutendsten Sammler von Gegenwartskunst. Wer gibt und gab diesem »Haufen« von Paeffgen Bedeutung? Diejenigen, die die Sammlung Falckenberg besuchen? Harald Falckenberg selbst, der die Plastik erworben hat? Der Kunstmarkt? Und welche Bedeutung ist gemeint? Wird der Kunstmarkt durch die Kunst selbst in Frage gestellt? Formuliert Paeffgen eine Anfrage an unseren Umgang mit unseren Hinterlassenschaften? Diese Fragen stellen klar: Nichts hat per se Bedeutung. Wir selbst müssen und können den Dingen Bedeutung verleihen oder auch nicht. So gibt es auch nicht »den« Sinn des Lebens. Wir selbst müssen und können unserem Leben Sinn geben. Er wird unterschiedlich ausfallen, je nachdem, ob wir unser Leben mit oder ohne religiöse Dimension leben.

Was verleiht meinem Leben Sinn? Die Schülerinnen und Schüler schrieben abschließend ihre Antworten auf ein Blatt Papier, falteten es zusammen und steckten es in einen kleinen Umschlag. Diese Umschläge hingen wir an die Äste eines gemalten Baums – eine Gegeninszenierung zu Pierre Anthon auf dem Pflaumenbaum. Einige Wochen später habe ich die Gegeninszenierung aufgelöst und dabei auch gelesen, was dem Leben meiner Schülerinnen und Schüler Sinn gibt: 19-mal sind *Freunde und Familie* genannt, dreimal *Gesundheit*, dreimal *Macht und Geld*, je zweimal *Gefühle, mein Pferd, mein Hund, Fußball, das Ausführen von Lieblingsbeschäftigungen.* Und dann noch (je einmal): *Frohsinn; Haus/Heimat; bestimmte Personen; schöne Momente/Erlebnisse; gutes Essen essen; das Gefühl, glücklich zu sein, bei allem, was ich tue; jemandem helfen können; Bayern; Skateboard; Gitarre; meine Lebenszeit; Erfolge und Niederlagen; die Chance, alles zu erreichen; Reisen.*

Gott und das ewige Leben spielen keine Rolle. Aber es sind auch vergleichsweise wenige materielle Dinge genannt. Was dem Leben Sinn verleiht, sind vor allem Beziehungen. Und dies gilt für beinahe jeden meiner Schülerinnen und Schüler. Sie grenzen sich damit ab von den Dingen, die im Roman auf dem Berg der Bedeutung landen, und von denen sie sich schon in den Unterrichtsgesprächen abgegrenzt haben: Nicht *Dinge* machen ihr Leben reich, sondern *Menschen* (und Tiere).

In einer Schlussrunde konnten diejenigen, die dies wollten, offen mitteilen, was ihrem Leben Sinn gibt. Sie konnten auch eine abschließende Bewertung des Romans abgeben und damit Gedanken aus ihren Rezensionen vortragen.

Fragen und Antworten

Fragen haben im Verlauf der Unterrichtssequenz auf unterschiedlichen Ebenen eine Rolle gespielt. Im Folgenden sollen verschiedene Kategorien unterschieden und im Hinblick auf ihre Funktion untersucht werden.

Fragen der Lehrerin

Was hat es mit der »Gefährlichkeit« des Buches auf sich? Aus meiner Sicht verführt das Buch keineswegs zu nihilistischen Positionen: »Es gibt nur nihilistisches Denken, wenn es vorher schon vorhanden ist«, so eine Schülerin. Die Dramaturgie des Romans wird bestimmt durch die Eskalation der Gewalt. *Das* ist das eigentliche Thema, weniger die Sinnfrage. Meine Schülerinnen und Schüler haben in ihren eigenen Texten sehr stark reflektiert, welchen Anteil sie selbst als Agierende an einer solchen Eskalation hätten. »Absurd« und »realitätsfern« schien ihnen aus einer Außensicht heraus die Konstruktion der Eskalation durch die Autorin. Mag sein, dass sie damit die Möglichkeit abwehren wollten, selbst Agierende in einer solchen gruppendynamischen Situation zu werden. Die Position Pierre Anthons selbst hatte jedoch keinen Verführungscharakter; sie rief Verwunderung und Unverständnis hervor.

Fragen der Lerngruppe zum Handlungsablauf des Romans und zur Romankonstruktion durch Janne Teller

Inwieweit gibt es Anhaltspunkte für die Position Pierre Anthons in seiner Biografie?
Hierüber ließ sich nur spekulieren, weil Teller die Figur nicht mit entsprechendem Hintergrund ausgestattet hat. Die Frage zeigt aber, dass ein Verhalten wie das von Pierre Anthon nicht ohne einen besonderen biografischen Hintergrund vorstellbar ist. Ohne einen solchen Hintergrund erscheint es unnormal, realitätsfern, nicht verstehbar.

Warum entwickelt sich die Geschichte ohne das Eingreifen von Schule und Elternhaus?
Diese Frage ist im Verlauf der Unterrichtssequenz dringlicher geworden. Anders, als Janne Teller in einem Interview[84] angibt, hat sich die »eigene Logik« der Literatur meinen Schülerinnen und Schülern nicht erschlossen. Das liegt vermutlich daran, dass der Fantasy- oder Märchen-Charakter in einer eigentümlichen Spannung steht zu den han-

---

84 ZEIT ONLINE: »Soweit er die Schule und die Langeweile des Außenpostens beschreibt, ist Ihr Roman realistisch. Aber die Tatsache, dass der Schulverweigerer Pierre Anthon von Eltern, Pädagogen und Behörden völlig in Ruhe gelassen wird, erscheint geradezu als Fantasy-Element.«
Teller: »Ich sehe es als eine Art modernes Märchen. Ich will gar nicht mit Wahrscheinlichkeit oder Plausibilität argumentieren: Ich finde am wichtigsten, dass Literatur ihre eigene Logik hat. Weil sie nicht abgebildete Realität ist, kann sie uns Einsichten in unsere eigene Wirklichkeit vermitteln. Wie ein magischer Spiegel. Während ein realistischer Spiegel uns nur die Oberfläche zeigt.« http://www.zeit.de/kultur/literatur/2010–08/janne-teller (31.07.2012).

delnden Figuren, die gerade keine Fantasy- oder Märchenfiguren sind, sondern mehr oder weniger »normale« Siebtklässler. Auf der Ebene der Lebenswelt meiner Schülerinnen und Schüler zeigt die Frage, wie sehr sie selbst damit rechnen oder sich wünschen, »bewahrt« zu werden vor solchen »Dummheiten«: »Warum hat uns niemand bewahrt?«, schrieb ein Schüler am Ende seines Textes. Man kann das interpretieren als Ablehnung von Verantwortung; man kann es aber auch lesen als Ausdruck eines Grundvertrauens darin, nicht allein gelassen zu werden in all den Irrungen und Wirrungen des Jugendalters.

Fragen der Schülerinnen und Schüler zur inhaltlichen Position der Romanfigur Pierre Anthon

Inwieweit gibt es für die Position Pierre Anthons inhaltliche Vorläufer?
Die Beantwortung bedurfte weiteren Materials, damit Pierre Anthons Position überhaupt als philosophisch und theologisch ernst zu nehmende Position erkennbar werden konnte. Es war eine »echte« Frage der Schülerinnen und Schüler. Ohne dass sie sie explizit gestellt hätten, wären die dazugehörigen Sachinformationen und Arbeitsaufträge allein durch die Entscheidung der Lehrerin motiviert gewesen. Hier bot das Unterrichtssetting die große Chance, dass nach einem Unterrichtsinhalt tatsächlich gefragt wurde. Zwar erschien den Schülerinnen und Schülern die Position anschließend nicht weniger absurd als vorher, aber sie konnten sie einordnen. Bedeutsamer für die eigenen Lernprozesse ist aus meiner Sicht eine zweite Frage:

Woher kommt der massive Widerstand der Mitschüler aus der 7A gegen Pierre Anthon?
Der Roman gibt keine direkte Antwort, jedoch ist an vielen Stellen der Widerstand der Klasse 7A beschrieben. Er ist nur damit erklärbar, dass jeder und jede von uns diese Frage, was angesichts dessen, dass wir sterben müssen, Sinn und Bedeutung hat,[85] als eigene Frage im Hinterkopf hat. Sie stellt die normalen Konventionen und Lebensentwürfe

---

85 »[Pierre Anthon] brüllte: ›In wenigen Jahren seid ihr alle tot und vergessen und nichts, also könnt ihr genauso gut sofort damit anfangen, euch darin zu üben.‹ Da wurde uns klar, dass wir Pierre Anthon wieder vom Pflaumenbaum herunterholen mussten.« (Teller, 12).

in Frage und erzeugt deshalb Widerstand.[86] Wie sehr diese Frage ins Bewusstsein rückt, wie sehr man sich von ihr »anfassen« lässt, hängt sicher von der psychischen Stabilität eines Menschen, von seinem Eingebundensein in soziale Bezüge und von seinem Grundvertrauen in den eigenen Platz auf dieser Welt jetzt und in der Zukunft ab. Meine Schülerinnen und Schüler fanden es »interessant«, sich mit Pierre Anthons Position auseinander zu setzen. Im Inneren angefochten hat sie seine Position nicht, das zeigen die anonymisierten eigenen Antworten am Ende der Unterrichtssequenz. Deshalb haben sie auch die Frage, ob Pierre Anthon Recht hat, durchgängig mit Nein beantwortet.

Fragen, die sich im Verlauf des Unterrichts ergeben haben

Fragen haben in nicht geringem Maße während des Unterrichtens Material- und Methodenentscheidungen beeinflusst. Es sind allerdings oft meine eigenen Fragen gewesen: Habe ich genügend Raum gegeben, um sich mit positiven Antworten auf die Frage nach dem Sinn des Lebens auseinander zu setzen? Wie finde ich für 16-Jährige verstehbares Material zum philosophischen Existenzialismus? Ist die Ablehnung von Pierre Anthons Position ein Zeichen für die psychische Stabilität meiner Schülerinnen und Schüler oder ein Zeichen ihrer Denkfaulheit? Ist die Kritik an der Realitätsferne des Romans ein Zeichen guten literarischen Urteilsvermögens oder ein Ausdruck innerer Abwehr, sich mit Positionen auseinander zu setzen, die den eigenen Lebenssinn in Frage stellen, oder gar: sich mit der Möglichkeit auseinander zu setzen, selbst in solche Handlungsmuster hineingeraten zu können, wie es den Romanfiguren geschieht? Meine Strategie war es, diese Fragen selbst in das Unterrichtsgespräch einzubringen (mit Ausnahme der Materialfragen). Aber diese Strategie hängt mit einem bestimmten von mir bevorzugten *Habitus* des Unterrichtens ab, nicht so sehr von in engerem Sinn didaktischen Entscheidungen.

---

86 Vgl. dazu Janne Tellers Position im Interview auf ZEIT ONLINE, Anm. 84.

Anhang

(1) Die gesammelten Fragen

Schwere Fragen	Leichte (oder nicht zu beantwortende) Fragen
• Wieso ignorieren die Kinder Pierre Anthon nicht einfach, sondern wollen etwas gegen ihn unternehmen? • Warum interessiert sie Pierre Anthons Meinung? • Wieso werden die anderen Schüler plötzlich so wütend? • Wieso sind alle gegen Pierre Anthons Ansicht? • Warum ist es den anderen so wichtig, dass Pierre Anthon vom Baum runter kommt? • Warum wenden sie körperliche Gewalt an, um Pierre Anthon umzustimmen?	• Wie kann man wissen, dass alles nichts ist? • Woher weiß Pierre Anthon, dass nichts irgendwas bedeutet? • Woher weiß Pierre Anthon, dass alles nichts ist?
• Warum sitzt er auf einem Baum und redet noch mit den anderen, wenn er meint: »Nichts bedeutet irgendwas. Deshalb lohnt es nicht, irgendetwas zu tun?«	• Warum verstehen die anderen Kinder Pierre Anthon nicht?
• Was für einen Sinn hat diese Geschichte? • Wenn man nichts macht, macht man doch etwas, oder? • Hat Pierre Anthon Recht?	• Hat die Pflaume vielleicht eine Bedeutung? • Warum ist Pierre Anthon dieser Meinung? • Wie wollen sie ihm beweisen, dass es etwas gibt, das irgendwas bedeutet?
• Warum ist Pierre Anthon wie er ist? • Wie kam er zu der Meinung, dass das Leben nichts bedeutet? • Woher/von wem hat Pierre Anthon diese Erkenntnis?	• Wieso hat er plötzlich erkannt, dass nichts irgendetwas bedeutet?
• Warum macht Pierre Anthon das? • Warum ist Pierre Anthon so ein Freak und sondert sich von seinen ehemaligen Klassenkameraden ab?	

Schwere Fragen	Leichte (oder nicht zu beantwortende) Fragen
• Ist Pierre Anthon ein Prophet? (Er ist sehr schlau und scheint über das Leben nachzudenken.)	• Was für eine Meinung hat sein Vater dazu?
• Wenn nichts irgendetwas bedeutet, warum leben wir dann? • Wenn nichts einen Sinn hat, hat das Leben dann einen Sinn? • Wenn nichts etwas bedeutet, was hat das Leben dann für einen Sinn?	• Warum greifen die Lehrer nicht ein? • Wieso kümmert sich kein Verantwortlicher darum, dass Pierre Anthon nicht mehr zur Schule geht?

(2) Schülertexte »Was bisher geschah« (Auswahl)

Rosa:

Wir mussten Pierre Anthon davon überzeugen, dass es für uns Bedeutung gab und es sich lohnte zu leben und etwas zu tun. Unser Plan stand fest: Jeder von uns sollte eine Sache abgeben, die für ihn von Bedeutung war. Derjenige, der seine Sache abgegeben hatte, sollte dann den nächsten auswählen. So würden wir einen Berg aus Bedeutung sammeln, den wir Pierre Anthon dann zeigen konnten. Am Anfang fing es auch nur mit einfachen Dingen an, die für jeden Einzelnen eine große Bedeutung hatten, die wir aber dennoch entbehren konnten, wie Comic-Hefte, Sandalen oder eine Flagge. Aber mit der Zeit fingen alle an, dass sie sich übertrumpfen wollten. Jeder wollte das Stück mit der größten Bedeutung auswählen, das Pierre Anthon schließlich überzeugen würde. Eigentlich fing es mit Gerdas Hamster Klein Oskar an. Ich dachte mir aber, sie würde ihn ja wiederbekommen, auch wenn ich es von Agnes nicht in Ordnung fand, wie sie Gerda etwas vorspielte nur um ihre Schwäche rauszubekommen, doch das war auch nicht mein Problem. Doch wenn wir anfingen uns zu bekämpfen, wie sollten wir dann gegen Pierre Anthon eine Einheit bilden und zusammen halten? Wirklich schlimm wurde es jedoch erst als Elises kleiner, toter Bruder ausgegraben werden sollte und Sofie ihre Unschuld verlieren sollte. Ich sagte jedoch nichts, da meine Angst viel zu groß war, was ich für ein Opfer bringen sollte, wenn ich gegen die anderen und ihre Forderungen Einspruch erheben würde. Dies alles ging in eine völlig falsche Richtung, doch ich wusste, es war zu spät um auszusteigen und den Mut zu den Erwachsenen zu gehen, hatte ich auch nicht. Also

hielt ich einfach meinen Mund, auch wenn das falsch war. Dann kam der Tag, an dem ich mein Opfer bringen sollte. (…) Als ich begriff, dass ich keine Gnade erwarten konnte, gab ich nach. Ich versuchte mich damit zu trösten, dass wenigstens der Hund keine Bedeutung für mich hatte und ich ihn nicht vermissen würde. Ich wusste, es hätte mich weitaus schlimmer treffen können. Wenigstens konnte ich Sofie, meine Freundin, nun rächen. Ich durfte als nächste etwas fordern. Ich wusste von Sofie, dass Jan Johan an dem Tag ihrer Entjungferung, auch wenn es meiner Meinung nach eher eine Vergewaltigung war, dabei gewesen war. Ich wollte, dass er das Schrecklichste überhaupt tun musste. Ich wollte seinen Finger, und als mir diese Idee kam und ich sie den anderen mitteilte, wurde mir klar, dass nun auch ich die Grenze überschritten hatte, genau wie die anderen!
(© Vanessa, 10c)

Hans:
Wir mussten es Pierre Anthon beweisen. Wir mussten ihm beweisen, dass es Dinge gibt, die Bedeutung haben. Deshalb erfanden wir den Berg der Bedeutung. Am Anfang waren es nur harmlose Sachen wie die dänische Flagge von Frederik oder Oles Boxhandschuhe. Doch als Hussein dran war und seinen Gebetsteppich abgeben sollte, machte er Ärger. Ole und ich mussten ihn letztendlich verprügeln, damit er ihn holt.

Als er dann etwas für mich bestimmen sollte, sagte er doch tatsächlich, dass ich mein neues Rennrad abgeben sollte! Mein neues Rennrad ist neongelb und bedeutet alles für mich, und ich war sehr wütend auf Hussein, dass er gerade das für mich ausgesucht hat. Doch ich musste es letztendlich abgeben, nachdem besonders Sofie mich dazu gedrängt hatte.

Als Rache sollte Sophie ihre Unschuld verlieren! Ich fand, dass das gerecht sei, denn mein neues Rennrad hatte mir schließlich auch sehr viel bedeutet. Sofie hat es, obwohl viele der anderen protestierten, dass das zu weit ginge, am Ende auch getan. Ich war derjenige, der ihr dabei »geholfen« hat …
(© Franziska, 10c)

(3) Camus, A., Der Fremde (entstanden 1940, erschienen 1953, deutsche Ausgabe 1961).

Die Erzählung schildert die Geschichte des jungen Franzosen Meursault, der in Algier bar aller Bindungen ohne Liebe und Teilnahme gleichgültig dahinlebt, bis ihn ein Zufall zum Mörder macht. Der folgende Auszug ist der Schluss der Erzählung: seine Auseinandersetzung mit dem Geistlichen, der den Ich-Erzähler vor seiner Hinrichtung in seiner Zelle besucht, und der ihn zu einer Beichte bewegen will, um das Endgericht bestehen zu können.

> Ich wollte ihm gerade sagen, er möge doch gehen und mich in Ruhe lassen, da wandte er sich mir plötzlich zu und schrie förmlich: »Nein, das glaube ich Ihnen nicht. Ich bin sicher, dass Sie sich ein anderes Leben wünschen.« Natürlich, antwortete ich, aber das sei genauso unwichtig wie der Wunsch nach Reichtum, wie der Wunsch, sehr schnell schwimmen zu können oder einen schöneren Mund zu haben. Das liege auf der gleichen Linie. Er unterbrach mich und wollte wissen, wie ich dieses andere Leben sähe. Da brüllte ich ihn an: »Ein Leben, in dem ich mich an dieses erinnern kann.« Und ich fügte gleich hinzu, nun hätte ich genug. Er wollte lieber von Gott sprechen, aber ich ging auf ihn zu und versuchte, ihm ein letztes Mal klarzumachen, dass ich nur noch wenig Zeit hätte. Die wollte ich nicht mit Gott vertrödeln. Er versuchte, von etwas anderem zu sprechen, und fragte mich, warum ich ihn mit »Herr« und nicht mit »Vater« anredete. Da wurde ich wütend und antwortete ihm: er sei nicht mein Vater, er stehe auf der Seite der anderen. »Nein, mein Sohn«, erwiderte er und legte mir die Hand auf die Schulter. »Ich stehe auf Ihrer Seite. Aber das können Sie nicht wissen, denn Ihr Herz ist blind. Ich werde für Sie beten.«
>
> Da platzte etwas in mir – ich weiß nicht warum. Ich fing an zu toben und beschimpfte ihn und sagte, er solle nicht beten. Ich hatte ihn beim Kragen seiner Soutane gepackt. Was ich auf dem Herzen hatte, goss ich freudig und zornig über ihn aus. Er sehe so sicher aus, nicht wahr? Und doch sei keine seiner Gewissheiten ein Frauenhaar wert. Er sei nicht einmal seines Lebens gewiss, denn er lebe wie ein Toter. Es sehe so aus, als stünde ich mit leeren Händen da. Aber ich sei meiner sicher, sei aller Dinge sicher, sicherer als er, sicher meines Lebens und meines Todes, der mich erwarte. Ja, nur das hätte ich. Aber ich besäße wenigstens diese Wahrheit, wie sie mich besäße. Ich hätte

recht gehabt, hätte noch recht und immer wieder recht. Ich hätte so gelebt und hätte auch anders leben können. Ich hätte das eine getan und das andere nicht. Und weiter? Es war, als hätte ich die ganze Zeit über auf diese Minute und dieses kleine Morgenrot gewartet, in dem ich gerechtfertigt würde. Nichts, gar nichts sei wichtig, und ich wisse auch warum. Und er wisse ebenfalls warum. Während dieses ganzen absurden Lebens, das ich geführt habe, wehte mich aus der Tiefe meiner Zukunft ein dunkler Atem an, durch die Jahre hindurch, die noch nicht gekommen seien, und dieser Atem machte auf seinem Weg alles gleich, was man mir in den auch nicht wirklicheren Jahren, die ich lebte, vorgeschlagen habe. Was schere mich der Tod der anderen, was die Liebe einer Mutter. Was schere mich Gott, was das Leben, das man sich wählt, das Geschick, das man sich aussucht, da ein einziges Geschick mich aussuchen musste […]. Ich erstickte, als ich das alles hinausschrie. Aber da riss man mir schon den Geistlichen aus den Händen, und die Wärter bedrohten mich. […]

(4) Existenzialismus – Nihilismus – Atheismus[87]

Jean-Paul Sartre lebte von 1905 bis 1980 und war der tonangebende Existenzialist überhaupt – zumindest für das breite Publikum. Er entwickelte seine Philosophie gleich nach dem Krieg in den vierziger Jahren. Später schloss er sich der marxistischen Bewegung in Frankreich an, trat aber nie in eine Partei ein.

Sartre hat gesagt: »Existenzialismus ist Humanismus.« Er meinte damit, dass der Existenzialismus ausschließlich vom Menschen selber ausgeht. Kierkegaard und einzelne Existenzphilosophen unseres Jahrhunderts waren Christen. Sartre dagegen vertritt das, was wir als einen atheistischen Existenzialismus bezeichnen könnten. Seine Philosophie können wir als gnadenlose Analyse der menschlichen Situation betrachten »wenn Gott tot ist«. Der berühmte Satz »Gott ist tot« stammt von Nietzsche [1844–1900].

Der eigentliche Schlüsselbegriff in Sartres Philosophie ist, wie bei Kierkegaard [1813–1855; dänischer Philosoph], das Wort *Existenz*. Existenz bedeutet hier nicht einfach Dasein. Auch Pflanzen und Tiere sind ja *da,* auch sie gibt es, aber sie bleiben von der Frage verschont,

---

87 Aus: Gaarder, J., Sofies Welt. Roman über die Geschichte der Philosophie. München/Wien 1993, 536–543 (gekürzt).

was das *bedeutet*. Der Mensch ist das einzige Lebewesen, das sich seiner Existenz bewusst ist. Sartre sagt, dass physische Dinge nur »an sich« sind, während der Mensch auch »für sich« ist. Ein Mensch zu sein ist also etwas anderes als ein Ding zu sein.

Weiter behauptet Sartre, dass die Existenz des Menschen jeglicher Bedeutung dieser Existenz vorausgeht. *Dass* ich bin, kommt also früher als *was* ich bin. »Die Existenz geht dem Wesen voraus«, sagt er.

Unter »Wesen« verstehen wir das, was wirklich ist, die »Natur« dieses Etwas. Für Sartre hat der Mensch aber keine solche Natur. Der Mensch muss sich erst selber erschaffen, da es ihm nicht von vornherein gegeben ist.

Während der gesamten Geschichte der Philosophie haben die Philosophen ja versucht, die Frage zu beantworten, was ein Mensch ist – oder was die Natur des Menschen ist. Sartre dagegen meint, dass der Mensch gar keine solche ewige »Natur« hat, auf die er zurückgreifen kann. Deshalb hat für Sartre auch die Frage nach dem Sinn des Lebens so ganz allgemein keinen Sinn. Mit anderen Worten, wir sind zum Improvisieren verdammt. Wir sind wie Schauspieler, die ohne einstudierte Rolle, ohne Rollenheft und ohne Souffleuse, die uns ins Ohr flüstert, was wir zu tun haben, auf diese Bühne gestellt werden. Wir müssen selbst entscheiden, wie wir leben wollen.

Aber wenn der Mensch erlebt, dass er existiert und dass er irgendwann sterben muss – und vor allem: wenn in alldem kein Sinn zu erkennen ist –, dann schafft das Angst, sagt Sartre.

Sartre sagt außerdem, dass der Mensch sich in einer Welt ohne Sinn *fremd* fühlt. Das Gefühl des Menschen, auf der Welt ein Fremder zu sein, meint Sartre, führt zu einem Gefühl von Verzweiflung, Langeweile, Ekel und Absurdität.

Sartre erlebte die Freiheit des Menschen auch als Fluch. »Der Mensch ist zur Freiheit verurteilt«, schrieb er. Denn wenn er erst einmal in die Welt geworfen ist, dann ist er für alles verantwortlich, was er tut. Unsere Freiheit verdammt uns unser ganzes Leben lang dazu, uns zu entscheiden. Es gibt keine ewigen Werte oder Normen, nach denen wir uns richten könnten. Umso wichtiger ist es, welche Entscheidung, welche Wahl wir treffen. Sartre weist gerade darauf hin, dass der Mensch niemals seine Verantwortung für das, was er tut, leugnen kann. Deshalb können wir unsere Verantwortung auch nicht vom Tisch fegen und behaupten, wir »müssten« zur Arbeit oder »müssten« uns nach gewissen bürgerlichen Erwartungen darüber, wie wir zu leben haben, richten. Wer auf diese Weise in die anonyme Masse gleitet, wird zum unpersönlichen Massenmenschen. Er ist vor sich selber in die Lebenslüge geflohen. Aber die Freiheit des Menschen befiehlt uns, etwas aus uns zu machen, eine »authentische« oder echte Existenz zu führen.

Obwohl Sartre behauptet, dass das Leben keinen ihm innewohnenden Sinn hat, heißt das nicht, dass ihm das so recht ist. Er ist nämlich kein *Nihilist*. [Der Begriff »Nihilismus« stammt von Iwan Turgenjew aus seinem Buch »Väter und Söhne« (1862), später haben ihn die russischen Anarchisten übernommen.] Ein Nihilist ist jemand, der meint, dass nichts etwas bedeutet, [dass es keine absoluten Werte und Normen für das Handeln gibt] und dass alles erlaubt ist. Sartre meint, dass das Leben eine Bedeutung haben *muss*. Das ist ein Imperativ. Aber wir selber müssen diese Bedeutung, diesen Sinn für unser eigenes Leben schaffen.

Der Existenzialismus insgesamt hat von den vierziger Jahren an die europäische Literatur geprägt, vor allem auch das Theater. Sartre selbst hat Romane und Theaterstücke geschrieben. Andere wichtige Autoren sind der Franzose Albert Camus, der Ire Samuel Beckett, der Rumäne Eugène Ionesco und der Pole Witold Gombrowicz. Charakteristisch für sie – und viele andere moderne Autoren – ist die Darstellung des Absurden. Dem »absurden Theater« ging es darum, die Sinnlosigkeit des Daseins zu zeigen. Man hoffte, das Publikum werde dann nicht nur zuschauen, sondern auch reagieren. Es war also nicht das Ziel, die Sinnlosigkeit zu verherrlichen. Im Gegenteil: Durch die Darstellung und Entlarvung des Absurden sollte das Publikum gezwungen werden, über die Möglichkeit eines echteren und eigentlicheren Daseins nachzudenken.

Aufgaben

1. Setze dich mit dem vorliegenden Text auseinander, indem du den rechten Rand mit kleinen Zusammenfassungen zu Existenzialismus, Nihilismus und Atheismus versiehst sowie mit Zeichen für deine eigene Meinung: Smileys für Zustimmung oder Ablehnung und Fragezeichen für eine Frage.
2. Ordne die Positionen von Pierre Anthon und von der 7A den entsprechenden philosophischen Richtungen zu und begründe die Zuordnung mit Textstellen.

4 Unterrichtsideen zu einer schülerfragen-orientierten Didaktik – Sekundarstufe II

4.1 Orte für Antworten auf selbst gestellte Fragen zu biblischen Texten finden – Eine schulische Präsenzbibliothek für den Religionsunterricht

Christian Fabritz

Klassenstufe: 10. Schuljahr und Oberstufe
Schüler[88] finden zunehmend selbstständig mit Hilfe einer schulischen Präsenzbibliothek Antworten auf ihre Fragen, die sie dann für den gemeinsamen Unterricht fruchtbar werden lassen. Wie eine solche Präsenzbibliothek zusammengestellt und wie mit ihr gearbeitet werden kann, klärt der folgende Beitrag.

In der Sekundarstufe I meiner eigenen Schulzeit erlebte ich es in vielen Fächern – besonders aber in Religionslehre, Geschichte, Politik, Erdkunde –, dass wir als Schüler zu Beginn einer Stunde nach der Begrüßung zunächst eine Frage stellten, die uns – oft tagesaktuell oder aus dem eigenen Erleben – besonders interessierte. Und die Lehrer nahmen sich die Zeit, auf diese Fragen einzugehen und sie mit uns zu klären bzw. uns die gewünschten Informationen zu geben. Dabei erlebte ich viele Lehrer als gut auskunftsfähig und in ihrem Fachgebiet als versiert – auch jenseits des konkreten Unterrichtsvorhabens. Manchmal gab es zugegebenermaßen auch ein wenig den sportlichen

---

88 Im folgenden Beitrag wird einzig aus Gründen der besseren Lesbarkeit nur die maskuline Form explizit erwähnt. Selbstverständlich ist die feminine Form stets mit gemeint.

Ehrgeiz, einen möglichst großen Teil der Stunde mit solchen Fragen zu füllen – aber (und auch deshalb spielten die Lehrer offenbar mit) unter dem Strich haben wir sehr viel dabei gelernt.

Im (problemorientierten) Unterricht wird ständig mit der Fragehaltung der Schüler gearbeitet. Diese Fragehaltung ist die Basis für ein strukturiertes Arbeiten. Schülern wird dabei (im Sinne Klafkis) deutlich, dass es um ihre Fragen gehen soll (Schülerorientierung, Gegenwarts- und Zukunftsorientierung).

Für den Religionsunterricht ist das dialogische Prinzip – hier auch besonders im Sinne der wechselseitigen Erschließung und der Horizontverschmelzung von Fragen der Schüler und der Überlieferung der christlichen Tradition – ein zentrales.

Im Religionsunterricht ist zwischen grundlegenden, existenziellen Fragen einerseits und mehr oder weniger klar zu beantwortenden Sachfragen andererseits zu unterscheiden. Meist zeigt sich aber, dass eine sachliche Durchdringung – ein Klären von Sachfragen – notwendige Voraussetzung ist, um auf Fragen der eigenen Existenz Antworten zu suchen und zu finden. »Man soll sich den klaren Blick durch Sachkenntnis nicht trüben lassen, werden die Leute sagen, denen es gleich ist, woher ihre Urteile kommen«, reflektiert der Erzähler in Johannes Bobrowskis Roman *Levins Mühle* zu Beginn.

Bleibend wichtig erscheint mir deshalb, Schüler (auch) auf den Weg zu bringen, dass sie selbst zur Recherche mit »echter« Literatur kommen. »Unverdaut Wiedergekautes« oder einfach nur ausgedrucktes Internetmaterial (»… habe ich bei Google gefunden …«) – oft zusätzlich von schlechter Qualität – kennen wir als Lehrer wohl zur Genüge. So will dieser Beitrag praxisnah die Arbeit mit einer fachbezogenen Präsenzbibliothek zur Klärung selbst gestellter Schülerfragen vorstellen.

Unseren Blick auf ein Buch richtet auch Apg 8 – der Text mit einer Anforderungssituation und der hermeneutischen Grundfrage »Verstehst du auch, was du liest?« –, nämlich auf die Rolle des Propheten Jesaja. Der Kämmerer aus dem Morgenland bedarf des Textes und des Gesprächs über den Text, um eine für ihn bedeutsame Erkenntnis zu gewinnen und schließlich seine Straße fröhlich zu ziehen.

In der Schule geschieht eine Hinführung zum Umgang mit dem Buch der Bücher und mit Literatur über die Bibel selbstverständlich im Blick auf die jeweilige Altersstufe der Schüler.

Was heißt das konkret?

Während in der Jahrgangsstufe 5 die Arbeit mit der Bibel (Aufbau, biblische Bücher, Stellen finden) eingeübt wird, geht es in den höheren Jahrgangsstufen darum, die Schüler zu einem immer stärker eigenständigen Umgang mit der Bibel und den mit ihr verbundenen Fragen zu befähigen.

So gibt es in meiner Schule seit vielen Jahren am Ende der Mittelstufe (jetzt Klasse 9) das in unserem Schulcurriculum (Evangelische Religionslehre und Katholische Religionslehre) als obligatorisch verankerte *Stationenlernen Bibel*. Neben ausliegenden Arbeitsblättern mit Auszügen aus der einschlägigen Fachliteratur stehen hier den Schülern verschiedene Bibelausgaben und Bibelatlanten zur Verfügung. Die Schüler können sich im Religionsunterricht darin einüben, mit Literatur zu arbeiten, die für die Auseinandersetzung mit der Bibel zentral ist.

In der Oberstufe gilt es, zunehmend im Sinne wissenschaftspropädeutischen Arbeitens die Selbstständigkeit der Schüler zu fördern.

Die Schülerbibliothek der Schule kann gut zur ersten Anlaufstelle von Schülern werden, wenn es um grundlegende Informationen zu eigenen Fragen bzw. zu einem zu bearbeitenden Thema geht.

Viele Schulen organisieren in der Oberstufe für ihre Schüler Bibliotheksführungen in der nächstgelegenen Universitätsbibliothek, um so Recherchemöglichkeiten im Kontext der Facharbeiten zu erschließen.

Aber auch dann, wenn eine solche Möglichkeit örtlich bedingt schlecht realisierbar ist, lässt sich Basisliteratur gut im Unterricht vorstellen.

Die Fachschaften Religionslehre und Hebräisch[89] meiner Schule haben in den letzten Jahren neben der Abteilung *Religion* der Schülerbibliothek systematisch eine kleine Präsenzbibliothek im Fachraum aufgebaut, mit deren Hilfe Schüler gezielt eigene Fragen aus dem Bereich *Bibel* klären können.

Im Unterricht sind – je nach Frage/Problem – durchaus unterschiedliche Lernarrangements möglich: Einzel-, Partner- oder Gruppenarbeit (arbeitsgleich oder arbeitsteilig). Ggf. – insbesondere bei

---

[89] In Nordrhein-Westfalen ist Hebräisch ordentliches Unterrichtsfach des Aufgabenfeldes I: http://www.schulministerium.nrw.de/BP/Unterricht/Faecher/Fremdsprachen/Sprachen/Hebraeisch/index.html (31.07.2012).

konkreten Sachinformationen – kann auch ein Schüler, während ein Unterrichtsgespräch weiterläuft, mit einer überschaubaren Recherche beauftragt werden. Wichtig ist, dass die Frage aus dem Unterricht wieder in das Plenum zurückkommt und dort nach Möglichkeit eine Antwort erfährt.

Sollte keine eindeutige Antwort möglich sein, wird zumindest durch das Zusammentragen und kritische Würdigen von gewonnenen Informationen das Problembewusstsein geschärft.

Die Notwendigkeit, bestimmte Fragen im Plenum zu diskutieren, zeigt sich auch jeweils beim *Stationenlernen Bibel*. Die Stationen werden fast ausschließlich in Einzelarbeit bearbeitet. Diskursive Fragen wie *Die Bibel – Gotteswort oder Menschenwort?* bedürfen – das hat sich immer wieder gezeigt – des gemeinsamen Gesprächs. Erst dann vermögen die Schüler *ihre Straße fröhlich zu ziehen*.

Damit keine Missverständnisse aufkommen: Es geht nicht darum, das Internet als modernes Informationsmedium auszuschließen. Vielmehr soll Schülern ein für sie gangbarer Weg zur Auseinandersetzung mit papierner Fachliteratur eröffnet werden. Ergänzend erhalten die Schüler über die Schulhomepage (Websites *Religionslehre*[90] und *Hebräisch*[91]) strukturiert Links zu seriösen/wissenschaftlich verantworteten Internetangeboten, die für die Klärung ihrer Fragen von Interesse sein können.

Welche Fragen lassen sich mit Hilfe der Präsenzbibliothek klären?

Das Arbeiten mit der Präsenzbibliothek ist in allen Reihen, in denen ein Arbeiten mit biblischen Texten stattfindet, gut möglich.

Selbstverständlich muss der Lehrer anfangs ggf. Erschließungshilfen (Register mit Schlagwörtern und Bibelstellen, unterschiedliche Namensformen der jüd./christl. Tradition …) geben.

Für die Schüler ist es ein Lernprozess, Fragen möglichst präzise zu stellen, (erste) Wege zu Antworten zu überlegen, ggf. zu modifizieren, dann aus dem Bestand das geeignete Buch auszuwählen (ggf. mehrere Bücher im Vergleich) und sich darin möglichst zielführend zu orientieren.

---

90 http://www.ceciliengymnasium.de/content/view/335/70/(31.07.2012).
91 http://www.ceciliengymnasium.de/content/view/333/48/(31.07.2012).

Dann heißt es – nach einer Zeit der angeleiteten Einarbeitung – jeweils, wenn eine entsprechende Frage aufkommt: »*Schauen Sie einmal, mit Hilfe welchen Buches aus unserem Schrank Sie die Frage klären können.*« Und natürlich erwachsen aus solchen Fragen auch immer wieder (Kurz-)Referate.

Wenige Spotlights

Im Kurs *Anthropologie/Ethik* setzen sich die Schüler mit verschiedenen Bibelstellen zur Thematik auseinander, u. a. mit Mi 6,8. Die Frage steht im Raum: »Wie ist der Vers, wie ist eine solche, ›schwierige‹ Stelle zu verstehen?«

Thomas Meurer[92] empfiehlt folgendes Vorgehen:

»Wenn Sie also den Ihnen vorliegenden Text nicht aus der Ursprache übersetzen können, vergleichen Sie verschiedene Übersetzungen miteinander und geben Sie sich Rechenschaft darüber, in welchen Punkten die verschiedenen Übersetzungen voneinander abweichen. [...] Sie brauchen dabei nicht auf jede Kleinigkeit zu achten, sollten aber folgende Fragen im Hinterkopf behalten:

– Welche zentralen Begriffe werden offenbar abweichend wiedergegeben?
– Stellen sich bestimmte inhaltliche Aspekte unterschiedlich dar?
– Sind einzelne Personen oder Handlungen anders charakterisiert?
– Unterscheiden sich bestimmte Verben voneinander?

Stellen Sie sich für Ihre weitere Arbeit die Abweichungen – am günstigsten in einer Tabelle – zusammen.«

Die Schüler vergleichen also verschiedene Übersetzungen:

Luther (1984)
Es ist dir gesagt, Mensch, was gut ist und was der Herr von dir fordert, nämlich Gottes Wort halten und Liebe üben und demütig sein vor deinem Gott.

---

92 Meurer, T., Einführung in die Methoden alttestamentlicher Exegese, Münster 1999 (= Münsteraner Einführungen. Theologische Arbeitsbücher 3), 11.

Bibel in gerechter Sprache (4. Aufl. 2011)
Gott hat dir gesagt, Mensch, was gut ist und was Adonaj von dir fordert: nichts andres als Recht tun und Güte lieben und besonnen mitgehen mit deinem Gott.

[weitere Bibelübersetzung/en]

Der Vergleich schärft das Problembewusstsein. Ein Blick in das *Stuttgarter Alte Testament* und Staublis *Begleiter durch das Erste Testament* hilft weiter, die drei Ausdrücke in V. 8, die das erwartete/gesuchte (→ דרש) Handeln des Einzelnen benennen, zu verstehen.

Ggf. kann der Lehrer zur Stelle weiterführend (→ Referat/Facharbeit) auf geeignete Kommentar- (z. B. Wolff, BK.AT, oder Kessler, HThKAT) oder Aufsatzliteratur[93] hinweisen.

Vorstellungen von Gott

In einer Stunde arbeiten die Schüler mit der *Bibel in gerechter Sprache*. Sie sind zunächst irritiert, als sie auf die unterschiedlichen Lesevorschläge für den hebräischen Gottesnamen stoßen. Schnell ist die Schülerfrage formuliert: »Ist Gott eigentlich ein Mann?«

Ein erster Griff in die Präsenzbibliothek gilt dem *Alttestamentlichen Lexikon* im *Stuttgarter Alten Testament*. U. a. heißt es dort (Art. *Gott*, S. 1869): »Das biblische Gottesbild hat männliche und weibliche Züge, die vom kriegerischen Gott, der sein Volk und alle, die zu ihm gehören, vor den Feinden beschützt (Ex 15,3; Ps 24,8) bis hin zu Bildern von Schwangerschaft, Geburtswehen, Stillen und Trösten der Kinder reichen (Jes 42,14; 49,15; 66,13).«

Staublis *Begleiter durch das Erste Testament* (S. 243: *Gottesbild*) führt die Schüler zur Auseinandersetzung mit Hos 11. Sie ziehen auch hier verschiedene Bibelübersetzungen heran:

Luther (1984)
Denn ich bin Gott und nicht ein Mensch und bin der Heilige unter dir und will nicht kommen zu verheeren.

---

93 Z. B. Ebach, J., Was bei Micha »gut sein« heißt. In: BiKi 51 (1996), 172–181.

Bibel in gerechter Sprache (4. Aufl. 2011)
Denn Gott bin ich, und nicht ein Mann, in deinem Zentrum eine heilige Größe. Ich komme nicht mit Schrecken.

[weitere Bibelübersetzung/en]

Die vorherige Frage wird ergänzt: »Gott – kein *Mensch* oder kein *Mann*?« Auch hier hilft den Schülern nach einem Vergleich der Übersetzungen Staublis *Begleiter durch das Erste Testament* weiter, erfahren sie nämlich etwas über den (religionsgeschichtlichen) Kontext und die (theologische Absicht der) Rede von JHWH als fürsorglicher Mutter. Weiterführende Literatur ist ebenfalls angegeben. Der Blick ist nun geweitet, das Gespräch geht weiter.

Facharbeiten im Religionsunterricht –
»Worüber können wir schreiben?«

Oft fällt es Schülern schwer, ein Thema für ihre Facharbeit zu finden. Anregung und Orientierung kann ein mit Hilfe der Präsenzbibliothek arrangierter Büchertisch sein. Ich lege thematisch gruppiert Literatur aus, mit der die Schüler an einer Facharbeit arbeiten können: In der Mitte liegen verschiedene Bibelübersetzungen. Um sie herum gruppiert: Literatur zum Alten und Neuen Testament, zum Judentum, zur deutsch-jüdischen Geschichte und Gegenwart, zur jüdischen Gemeinde vor Ort, Gebetbücher etc. Die Schüler erhalten Zeit, um sie besonders interessierende Bücher zu nehmen und in sie hineinzulesen. Anschließend stellen sie sich gegenseitig ihre »Funde« vor. So kommen sie gemeinsam in ein Gespräch über für sie interessante Fragestellungen. Für eine Facharbeit, in der sich ein Schüler z. B. mit der Frage nach Jesus auseinander setzen möchte, lassen sich unterschiedliche Perspektiven erkennen und benennen.

Beim Schreiben ihrer Facharbeiten können die Schüler immer wieder auf die zunächst nur in Ansätzen kennengelernte Literatur zurückgreifen.

Ganzschriftlektüre im Religionsunterricht

Die Ganzschriftlektüre in der Qualifikationsphase kann ebenfalls von der Nutzung der Präsenzbibliothek profitieren. Lesen die Schüler beispielsweise das Markus-Evangelium oder Theißens *Der Schatten des Galiläers* als Ganzschrift (Portfolioarbeit!), haben sie vielfältige Möglichkeiten, erworbene Kompetenzen zu nutzen und eigene (Verständnis-)Fragen zu klären.

Unsere Präsenzbibliothek
(Denkbar ist auch, mit einer entsprechenden Auswahl einen kleineren Handapparat zusammenzustellen.)

Bibelausgaben und Bibelübersetzungen
(→ überwiegend aus dem Stationenlernen Bibel)
- Biblia Hebraica
- Septuaginta
- Novum Testamentum Graece
- Synopse (griech.-dt.)
- Vulgata
- Die Schrift. Verdeutscht von M. Buber, gemeinsam mit F. Rosenzweig
- Luther (1984)
- Elberfelder Bibel, Studienbibel mit Sprachschlüssel und Handkonkordanz
- Zürcher Bibel. Schulbibel (mit Einleitungen und Glossar sowie mit farbigem Bild- und Informationsteil)
- Einheitsübersetzung
- Stuttgarter Altes Testament
- Bibel in gerechter Sprache
- BasisBibel. Das Neue Testament
- Gute Nachricht Bibel
- Die Tora. Mit den Prophetenlesungen. Nach der Übersetzung von M. Mendelssohn
- Die vierundzwanzig Bücher der Heiligen Schrift (deutsch/hebräisch) [Übersetzung von L. Zunz]
- Die Heilige Schrift. Ins Deutsche übertragen von Naftali Herz Tur-Sinai
- The Jewish Study Bible

Einleitungen (evang./kath. und jüd.),
Basis- und Kommentarliteratur
- Beaumont, M., Bibelwissen kompakt. Stuttgart 2007.
- Bibel heute 41. 2005. H. 162: Bibel lesen – auf welche Weise?

- Die Tora. In jüdischer Auslegung. Band 1–5. Sonderausgabe im Schuber. Hrsg. von W. G. Plaut. Autorisierte Übersetzung und Bearbeitung von A. Böckler. Gütersloh 2008.
- Galley, S. et al., Die Hebräische Bibel. Eine Einführung. Berlin 2004 (= Abenteuer Wissen 1.).
- Gertz, J. C. (Hg.), Grundinformation Altes Testament. Eine Einführung in Literatur, Religion und Geschichte des Alten Testaments. 4., durchges. Aufl. Göttingen 2010 (= UTB 2745.).
- Kogler, F. (Hg.), Herders neues Bibellexikon. Freiburg/Brsg. 2008.
- Krieg, M./Schmidt, K. (Hg.), Erklärt. Der Kommentar zur Zürcher Bibel. 3 Bde. 2. Aufl. Zürich 2010.
- Liss, H., Tanach: Lehrbuch der jüdischen Bibel. In Zusammenarbeit mit A. M. Böckler/B. Landthaler. Heidelberg 2005 (= Schriften der Hochschule für Jüdische Studien Heidelberg 8.).
- Mommer, P., Altes Testament. Gütersloh 2009 (= Module der Theologie 1.).
- Schreiber, S., Begleiter durch das Neue Testament. Düsseldorf 2006.
- Staubli, T., Begleiter durch das Erste Testament. Mit Bildern von Zumstein-Hochreutener, G. 3. Aufl. Düsseldorf 2003.
- Zenger, E. et al., Einleitung in das Alte Testament. 7., durchgesehene und erweiterte Aufl. Stuttgart 2008 (= KStTh 1/1.).

Bücher zur Welt und Umwelt der Bibel,
(Religions-) Geschichte Israels, Biblische Archäologie

- Albertz, R., Religionsgeschichte Israels in alttestamentlicher Zeit. Bd. 1: Von den Anfängen bis zum Ende der Königszeit. Göttingen 1992 (= GAT 8/1.).
- Albertz, R., Religionsgeschichte Israels in alttestamentlicher Zeit. Bd. 2: Vom Exil bis zu den Makkabäern. Göttingen 1992 (= GAT 8/2.).
- Schroer, S./Staubli, T., Die Körpersymbolik der Bibel. Darmstadt 1998.
- Vieweger, D., Archäologie der biblischen Welt. Mit zahlreichen Zeichnungen von E. Brückelmann. Neuaufl. Göttingen 2006 (= UTB 2394.).
- Zwickel, W., Calwer Bibelatlas. Stuttgart 2000.
- Zwickel, W., Einführung in die biblische Landes- und Altertumskunde. Darmstadt 2002.

Übergreifendes
- Kliemann, P., Glauben ist menschlich. Argumente für die Torheit vom gekreuzigten Gott. 10., völlig überarb. und erw. Aufl. Stuttgart 2001 (= Calwer Taschenbibliothek 13.).
- RGG. 4. Aufl. Studienausgabe.

Natürlich gilt es auch die technische Seite zu berücksichtigen: Nicht immer ist der Fachraum verfügbar. So haben wir Rollwagen, die mit in die Klassenräume genommen werden können, im Einsatz: einen mit einem Klassensatz Bibeln, einen für die Materialien für das *Stationenlernen Bibel,* einen für eine Auswahl aus unserer Präsenzbibliothek.

Wissenschaftspropädeutisch zu arbeiten ist in der Oberstufe mitunter ein hoher Anspruch, ein mühsames Unterfangen. Es zeigt sich jedoch immer wieder, dass dieses Prinzip im Religionsunterricht gut einlösbar ist. Der beschriebene Umgang mit den Fragen der Schüler erweist sich immer wieder als gewinnbringend. Das Aufnehmen der Fragen bringt den Unterricht und damit die Schüler weiter. Ihre heuristische Kompetenz wird erweitert, ihre Selbstständigkeit gefördert, ihr Problembewusstsein vertieft, Fragen finden Antworten.

4.2 »Verstehst du auch, was du liest?« (Apg 8,30b) – Annäherungen an die Bibel durch Fragen in einem Bibellesetagebuch als Unterrichtsprojekt

Wolf Eckhard Miethke

Klassenstufe: 11. Schuljahr (Wirtschaftsgymnasium)
Angeleitet durch ein Bibellesetagebuch formulieren Berufsschüler[94] Fragen und Einsichten zu einer vorgegebenen Auswahl an biblischen Texten. Diese bilden die Basis eines sich anschließenden Unterrichts und werden vom Lehrer individuell beantwortet.

---

94 Im folgenden Beitrag wird einzig aus Gründen der besseren Lesbarkeit nur die maskuline Form explizit erwähnt. Selbstverständlich ist die feminine Form stets mit gemeint.

Die ersten Stunden des Projektes »Bibellesetagebuch«

In der Eingangsklasse des Beruflichen Gymnasiums steht in Baden-Württemberg ein ganzes Halbjahr lang die Auseinandersetzung mit der Bibel auf dem Lehrplan.

Dadurch sollen methodische und hermeneutische Grundlagen für den Oberstufenunterricht der Kursstufe gelegt werden. Als zweites großes Thema ist der Themenkreis »Ich selbst« verpflichtend vorgesehen. Die Reihenfolge dieser Themen ist jeweils von der Lehrkraft frei wählbar. Für unsere Fragestellung ist die Reihenfolge letztlich egal, denn in beiden Themenkomplexen spielt das Fragen und Nachfragen eine entscheidende Rolle. Bei der ausführlichen Beschäftigung und Auseinandersetzung mit der Bibel zeigt sich, dass die Schüler zwar durchaus (nach in der Regel zehn Jahren Religionsunterricht mitunter nur erschreckend wenig, oft leider nur Rudimente von) Wissen über biblische Geschichten und Gestalten mitbringen, dass sie dieses aber oft zusammen mit ihren Puppenhäusern, Playmobil-Spielsachen und Kinderbüchern beiseitegelegt haben, da sie es als inzwischen überholt und vom Wissen um die Wirklichkeit abgelöst betrachten. So belächeln sie die wenigen, die in (bisweilen freikirchlichen oder evangelikalen) Gemeindegruppen eine Heimat gefunden haben. Doch eigentlich sehnen sich viele zurück nach der Geborgenheit ihres kindlichen Glaubens. Gleichzeitig fehlt ihnen (leider auch in ihren Jugendkreisen!) in der Regel die Möglichkeit, ihren Glauben weiterzuentwickeln, ihre Anfragen zu artikulieren und beantwortet zu bekommen. Das frustriert und verunsichert sie – auch wenn nur die wenigsten dies offen zugeben würden.

Angeregt durch einen Beitrag der religionspädagogischen Zeitschrift »entwurf«[95] habe ich deshalb in diesem Schuljahr zum insgesamt vierten Mal die Schüler dazu angehalten, im Rahmen der erwähnten Einheit »Bibel« sich mit von mir exemplarisch ausgewählten Textstellen der Bibel intensiver auseinander zu setzen. Anstatt einer Klausur, in der ich den Unterrichtsstoff abfragen könnte, habe ich sie ein Bibellesetagebuch schreiben lassen.

Der Arbeitsauftrag (vgl. M 1) lautete, dass sie zu jedem der vorgegebenen Abschnitte (in der Regel ein bis zwei, selten mehr Kapitel pro

---

95 Vgl. Obst, G., »Anfangs habe ich gemurrt wie die Israeliten in der Wüste.« – Erfahrungen mit Bibellesetagebüchern (Sek II). In: entwurf 2/3 (2007), 46–48.

Tag) eine kurze Inhaltsangabe anfertigen und eine Überschrift finden sollten. Darüber hinaus waren sie aufgerufen, zu formulieren, was sie an diesem Bibeltextabschnitt »*überrascht, geärgert, gewundert, gefreut hat, was Sie neu oder wieder entdeckt haben, was Sie vom Inhalt halten, welche inhaltlichen Verständnisfragen offen geblieben sind, und welche persönlichen Antworten und Einsichten Sie aus diesem Text gewonnen haben*« (so der Arbeitsauftrag). Keinesfalls sollten sie sich einschüchtern oder bremsen lassen, gegebenenfalls auch Unbequemes, Provokatives oder Persönliches zu formulieren, nur weil das Ergebnis eingesammelt und als schriftliche Arbeit, als Ersatz für eine Klausur, gewertet wurde. »*Es gibt nichts, was Sie nicht fragen dürften, es gibt aber auch nichts, was Sie nicht äußern könnten; es gibt weder dumme Fragen noch irgendwelche verbotenen Einsichten!*« heißt es daher ausdrücklich auf dem Aufgabenblatt.

M 2 bietet beispielhaft unterschiedliche Textsammlungen, die vorgegeben werden können. Es hat sich als praktikabel herausgestellt, etwa eine Woche mehr Zeit als nötig für die Bearbeitung zu geben, dadurch müssen die Schüler nicht wirklich jeden Tag am Bibellesetagebuch arbeiten, und es nimmt dem Argument »Wir haben auch noch andere Fächer« etwas den Wind aus den Segeln …

Die erste Vorgabe beschränkt sich exemplarisch auf einen Textcorpus, den Pentateuch. Die mittlere Liste kürzt den Einblick in diese Textsammlung und fordert ergänzend das Bearbeiten neutestamentlicher Textstellen, während die Auswahl rechts einen sehr knappen Schnelldurchlauf durch die ganze Bibel mit Schwerpunkt auf den Geschichtsbüchern versucht. Durch die Textauswahl legt die Lehrkraft je eigene Schwerpunkte, selbstverständlich sind auch ganz andere Texte möglich. Die Textwahl hängt nicht zuletzt davon ab, wie viel Zeit zur Verfügung steht (daher werden hier sowohl für sechs wie für sieben Wochen Bearbeitungszeit Beispiele gebracht).

Von längeren Propheten- und Brieftexten ist jedoch m. E. abzuraten, da diese ohne (oft nicht vorhandenes) Hintergrundwissen für Jugendliche in der Regel nicht verständlich sind. Und wichtig ist, die Textauswahl in verschiedenen Schuljahren zu wechseln, sonst ist die Versuchung zu groß, einfach abzuschreiben.

M 3 wurde als doppelseitiges Arbeitsblatt in jeweils ausreichender Anzahl an die Jugendlichen ausgegeben. Dies soll ihnen die Angst nehmen, dass von ihnen viel Text erwartet wird und gleichzeitig eine mögliche Struktur vorgeben.

Alle Schüler haben sich bislang dieser Hilfe bedient (auch wenn manche das Blatt nicht direkt benutzt, sondern die Fragen abgetippt haben, da sie das ganze Bibellesetagebuch am heimischen Computer erstellten).

M 4 bietet exemplarisch je eine alt- und eine neutestamentliche Seite eines von einem Schüler verfassten Bibellesetagebuchs mit den erwähnten, kurzen erläuternden Antworten der Lehrkraft (sie sind die etwas schwerer zu entziffernden Passagen …).

M 5 ruft zu einem Schluss-Fazit auf, das zur Selbstreflexion anregt.

M 6 bietet ein Beispiel eines Blankobeurteilungsbogens, in dem die Bewertungskriterien transparent werden. Dieser Bogen kann bei Erteilung des Arbeitsauftrages entweder zusammen mit den Arbeitsbögen ausgegeben oder dabei mittels OHP-Folie an die Wand projiziert werden. So ist den Schülern deutlich, welche Kriterien später bei der Bewertung herangezogen werden.

Die Zeilen für »Zusatzbemerkungen« sind für Sätze wie »*Das Bibellesetagebuch wurde getippt. Leider sind dennoch zu viele Rechtschreib- und Zeichenfehler enthalten*«, oder: »*Das Titelbild sowie die anderen Illustrationen sind eine Bereicherung, waren aber nicht gefordert und sind deshalb bei der Bewertung nicht berücksichtigt*« o. ä.

Die Ergebnisse, denen z. T. unaufgefordert Titelbilder und bibelkundliches Zusatzmaterial aus dem Internet beigefügt waren, wurden eingesammelt und jeweils in den Weihnachtsferien sehr intensiv durchgesehen und bewertet. Natürlich ging es dabei – gemäß der oben zitierten Aufgabenstellung – nicht um ein Kontrollieren nach richtig oder falsch, vielmehr wurde auf Vollständigkeit, Ausführlichkeit sowie v. a. auf die Tragweite der gestellten Fragen Wert gelegt, denn – auch das wurde in der Aufgabenstellung extra angemerkt – »*nicht das stupide Ausfüllen von Papier, sondern die jeweils eigene Auseinandersetzung mit dem Bibeltext ist das Ziel dieser Übung*«.

Die Schüler zeigten sich dankbar, dass jede ihrer Anfragen zumindest mit einer kurzen Antwort gewürdigt wurde, die direkt in die Arbeitsblätter eingetragen war (vgl. M 4). Bei den reinen Informationsrückfragen war dies naturgemäß ungleich viel leichter als bei den grundsätzlicheren Fragen, die teilweise recht intensive Auseinandersetzung mit dem Bibeltext verrieten. Dass ich aber gerade auch theologischen Grundfragen nicht ausgewichen bin, sondern etwa auch zu Fragen nach dem Warum von Leid, nach Ungerechtigkeiten und der Grausamkeit Gottes Stellung bezogen habe, wurde von den Schülern gewürdigt.

Besonders erfreulich war, dass sich v. a. in der längeren Rückschau (z. B. beim Abitur-Ball) Schüler sehr positiv über dieses Projekt geäußert haben. Es sei für sie sehr eindrücklich gewesen und vielleicht eines der am nachhaltigsten prägenden Dinge, die sie in den drei Jahren an unserer Schule hätten machen müssen. War das Lesen, das Exzerpieren und Reflektieren auch bisweilen anstrengend und angesichts anderer Aufgaben und Anforderungen anderer (Haupt-)Fächer auch als viel, bisweilen als zu viel empfunden worden, wurde es doch im Rückblick als gewinnbringend angesehen.

Dass sie genötigt wurden, sich intensiv mit der Bibel zu beschäftigen, sie genau zu lesen, war für sie eine gelungene Erfahrung. Auch an manchen Geschichten, die sie zu kennen geglaubt hatten, hätten sie durchaus Neues für sich entdeckt, sich an anderem reiben können und – das war in der Rückschau besonders wichtig – ihre Fragen formulieren können. Ohne das Bibellesetagebuch hätten die meisten, da waren sie sich sicher, sonst weder die Konzentration noch die Zeit aufgebracht, sich intensiver mit der Bibel auseinander zu setzen und eigene Vorurteile zu revidieren, geschweige denn Fragen zu formulieren, die sie zudem noch – zumindest ansatzweise – beantwortet bekamen.

Die von den Jugendlichen aufgeworfenen Fragen können (ggf. in exemplarischer Auswahl) abgetippt und im Unterricht besprochen werden. Entweder geht man dabei einfach der Textauswahl chronologisch nach oder die Fragen werden nach bestimmten (z. B. nach den unten angegebenen) Kriterien systematisiert und dann im Unterricht behandelt.

Bei der Besprechung sollte die Lehrkraft aber nicht sofort ihre (bereits im Bibellesetagebuch notierte) Antwort in den Raum stellen; es ist spannend und gewinnbringend, wenn die Jugendlichen zunächst selbst die Fragen der anderen zu beantworten versuchen und sich so über diese Antworten austauschen: Sie beantworten sich anonymisierte Fragen zu einer konkreten Textstelle gegenseitig, äußern ihre Sicht der Dinge und erläutern, warum sie (keine) Probleme mit dieser Textstelle hatten und was sie auf die geäußerten konkreten Fragen sowie Bedenken antworten würden. Dies kann entweder im Plenum, in Partner- oder Kleingruppenarbeit (etwa in Form eines Schreibgesprächs) passieren.

Alternativ können die Jugendlichen auch dazu angehalten werden, aus einer Sammlung von Fragen, die für sie wichtigsten zu markieren – die drei Fragen, die am meisten Punkte erhalten haben, werden dann in der Folgestunde ausführlich behandelt.

Wichtig ist, dass alle Fragen gleich ernst genommen werden. Keine Verständnisfrage darf als kindisch abqualifiziert, kein Fragesteller ausgelacht werden.

Auf einen respektvollen gegenseitigen Umgang ist von der Lehrkraft zu achten.

Kleine Auswahl der von Schülern geäußerten Fragen zur Bibel

Rein inhaltliche Rückfragen

- Wie konnten Menschen so lange leben, wurde früher anders gezählt? (Gen 5)
- Warum wird in der Bibel jede immer in hohem Alter schwanger? (Gen 18)
- Warum kann er nicht beide Söhne segnen? (Gen 27)
- Wie kann man auf einem Stein schlafen? (Gen 28)
- Welche Aufgaben hatte ein Richter zur Zeit Samuels? (1Sam 8)
- Warum wird bei Versanfängen immer (oder oft) »und« geschrieben? (1Sam 17)
- Konnten die Frauen damals wie Tiere hin- und hergegeben werden? (1Sam 25)
- Was ist die »Bundeslade«? (2Sam 15)
- Gibt es in Israel einen Wald? (2Sam 18)
- War es damals wirklich so einfach, König zu werden, wenn man ein Paar Stiere und Vieh opfert und das Volk einlädt? (1Kön 1)
- Hatte Jesus wirklich Geschwister? (Mt 13 f.)
- Was heißt »mondsüchtiger Knabe«? Ich denke, dies ist irgendeine Krankheit, doch welche? (Mt 17 f.)
- Wo sind die Weisen aus dem Osten. (Lk 1 f.)

Hinterfragen/Bewerten des Textes

- Wie lang war ein Tag, bevor es Sonne und Mond gab? Ich kann mir nicht wirklich vorstellen, dass das alles so war, wie es in der Bibel steht (Gen 1–2)

- Warum hat er den Baum überhaupt erschaffen, wenn man nicht davon essen darf? (Gen 3)
- Wieso werden nie Frauen genannt, dass sie die Kinder bekamen?// Wofür soll das gut sein, interessiert doch keinen, wieso steht so was in der Bibel? (Gen 10,11 ff.)
- Wieso brach in Kanaan 'ne Hungersnot aus, wenn Gott sie dorthin geführt hat? (Gen 12)
- Wie soll ein Mensch zur Salzsäule erstarren, wenn er zu 80 % aus Wasser besteht? (Gen 19)
- Kann der Junge überhaupt noch seinem Vater vertrauen (schließlich hätte er ihn fast geopfert!)? (Gen 22)
- Wieso will Jakob das Erstgeburtsrecht, wieso schätzt es Esau wenig? (Gen 25)
- Was ist Elisa für ein »Wundervollbringer«? Hab' noch nie von ihm gehört! Und was hat er mit Königen zu tun? (2Kön 4)
- Hätte Gott das Schiff untergehen lassen, wenn Jona nicht freiwillig gesagt hätte, dass man ihn über Bord werfen solle? (Jona 1–2)
- Ich finde es schade, dass man Jonas' Reaktion auf den [Schluss-] Satz Gottes nicht mehr erfährt. Sieht er es nun ein oder nicht? (Jona 3–4)
- Wieso muss man glücklich sein, wenn man verachtet, verfolgt und verleugnet wird? (Mt 5–7)
- Jesus macht viele Wunder, warum glauben ihm die Pharisäer nicht? (Mt 11 f.)
- Jesus kann auf dem Wasser gehen? Also wirklich, ich bin ja ziemlich tolerant, aber wenn das nicht übertrieben ist, dann weiß ich auch nicht. Außerdem finde ich, wird das Volk total blöd dargestellt, als würden sie nichts verstehen und nur Jesus und die Jünger alles wissen. (Mt 13 f.)
- Wie kommt Jesus auf solche coolen Gleichnisse? (Lk 15)

Rückfragen mit Bezügen zum persönlichen Gottesbild/Bibelverständnis/Glauben

- Warum hilft Gott seinem Volk immer noch? Es benimmt sich so kindisch und weiß es nicht zu schätzen, dass sie das auserwählte Volk sind. (Num 20 f.)
- Warum war es so schlimm, dass Saul diese Rinder behielt? Eigentlich hätten die ja nicht geschadet.//Ich finde es ein bisschen über-

trieben, dass ihm gleich sein Amt genommen wird ... Ermahnung hätte gereicht. (1Sam 15)
– Wie kommt es, dass der Mann Gottes so ein gutes Herz hat, jedoch kleine unschuldige Kinder im Kapitel zuvor verflucht hat, dass sie sterben? Für mich unverständlich. (2Kön 4)
– Gott kann doch sonst immer so viel tun, wieso verhindert er dies nicht? Als hätte Jesus mehr Recht auf ein Leben als die anderen Jungen, und das soll gütig sein? Also ich definiere das Wort jedenfalls anders! (Mt 1–2)
– Wie soll Jesus das alles vollbracht haben? Wieso eigentlich gerade Jesus? Und warum heilt er alle, also ich meine, es gibt so viele Kranke, da wird er doch nicht mehr fertig. War die Magd wirklich tot, denn wenn ja, könnte ja jeder kommen und ewig leben, wenn man immer wieder erweckt werden kann. So schön diese ganzen Heilungsgeschichten und Wunder auch sind, ich kann das nicht glauben. (Mt 8 f.)

Fragen, in denen Bibeltext mit anderem Wissen in Beziehung gesetzt wird

– Wenn die Menschen nicht vom Affen abstammen, warum ist Esau dann so stark behaart? (Gen 27)
– Das Symbol der [Frankfurter] Börse ist ein goldenes Kalb, wieso? (Ex 32)
– Rama ist eine heilige Stadt – warum benennt man Margarine nach einer heiligen Stadt? (1Sam 16)
– Mir gefallen die Taten, die Elischa vollbringt. Auch wenn sie schwer zu glauben sind. Und sie erinnern mich an die Taten Jesu, als er z. B. zwei Blinde heilt, sodass sie wieder sehen konnten. (2Kön 4)

Grundsätzlichere Fragen/Einsichten

– Wieso lassen wir so viel[e Kapitel] aus? (Ex 12)
– Wieso mussten sie zu jedem Anlass Tiere opfern? (Ex 24)
– Wenn ich Gott charakterisieren müsste, würde ich sagen, dass er sehr schnell reizbar ist, zornig und er hat Probleme damit, mit Menschen zu reden. Er muss sich selbst beweisen, wie stark und mächtig er ist.//Ich finde es komisch, dass Gott das Volk immer wieder bestrafen will für seine Sünden, er sich dann jedoch von

Mose umstimmen lässt, es doch nicht zu tun, und am Ende dann doch eine Strafe über das Volk kommen lässt! (Num 13 f.)
- Jetzt wird es endlich spannend ☺. Es macht Spaß diese Bibelstelle zu lesen, denn es gibt hier alles, was einen Menschen neugierig macht: Hass, Eifersucht, usw. Ich hoffe, es wird so weitergehen!// Wird Davids Glaube jemals erschüttert, so dass er in dieselbe Situation gerät, in der Saul jetzt ist? (1Sam 18)
- Endlich mal wieder ein Kapitel ohne Gewalt ... juhu ... und David hat gut reagiert und Saul nichts getan, auch wenn er gekonnt hätte. (1Sam 24)
- schöne Geschichte – schönes Ende des Bibellesetagebuchs ☺! (Mt 28)
- Wie viele Menschen auf der Welt haben wohl gleichzeitig mit mir aus dem gleichen Buch (AT) gelesen?

Diese kleine Auswahl an Fragen aus vier Jahrgängen soll hier genügen ...

Material

M1 – Vorstellung des Bibellesetagebuchs

Bei der Besprechung der Bibel sollen Sie auch Bibeltexte kennen lernen. Darum habe ich einige Textstellen auf der Rückseite zusammengestellt.

Natürlich würde es mich freuen, wenn Sie *alle* dort genannten biblischen Bücher (und womöglich noch mehr und auch noch andere) ganz lesen würden, dies kann und möchte ich aber nicht von Ihnen verlangen. Doch die auf der Rückseite genannte **Auswahl bitte ich Sie, in Eigenregie und selbständig durchzulesen.** Wenn Sie sich täglich Zeit dafür nehmen, schaffen Sie sicher oft mehr als nur einen Text! Es ist in der Regel nur ein bis zwei Kapitel, nur manchmal sind es drei.

Dabei bitte ich Sie ein **Bibellesetagebuch** zu führen, indem Sie jeweils ein **Bibelleseprotokoll** schreiben. Zum einen dokumentiert es Ihren Leseprozess, aber – das ist viel wichtiger – es hilft Ihnen auch, sich selbst über das Gelesene Rechenschaft abzulegen. Halten Sie Ihre Eindrücke und Einsichten auf Blättern eines Heftes oder Extra-Ordners fest. Dafür erhalten Sie einige Seiten, die Ihnen helfen sollen, Ihre Leseeindrücke zu systematisieren. Diese sollen aber nicht als eine strikte Vorgabe verstanden werden. Sollte diese Struktur Ihnen nicht liegen und Sie eine andere Gliederung bevorzugen, nehmen Sie diese. Die ausgegebenen Seiten sind nur als Hilfe gedacht!

Es muss nicht viel sein, aber schreiben Sie bitte *zu jedem Textabschnitt ein paar Sätze* auf:
- was Sie überrascht, geärgert, gewundert, gefreut, … hat,
- was Sie neu oder wieder entdeckt haben, was Sie vom Inhalt halten,
- welche inhaltlichen (Verständnis-)Fragen offen geblieben sind,
- welche persönlichen Antworten und Einsichten Sie aus diesem Text gewonnen haben.

Das **fertige Bibellesebuch** werde ich **am Mittwoch, dem **.**.20**** einsammeln.

Sie sehen, Sie haben für fünf Wochen Textabschnitte insgesamt 6 Wochen Zeit! *(Lesen Sie dennoch täglich, dann ist es jeweils nicht zu viel!)*
Bitte lassen Sie sich keinesfalls einschüchtern oder bremsen, gegebenenfalls auch Unbequemes, Provokatives oder Persönliches zu for-

mulieren, nur weil ich es einsammeln werde (dies gilt gemäß unserer Absprache als Ersatz für die Klausur im 1.Halbjahr). **Es gibt nichts, was Sie nicht fragen dürften, es gibt aber auch nichts, was Sie nicht äußern könnten; es gibt weder dumme Fragen noch irgendwelche verbotenen Einsichten!**

Ich bin sehr gespannt auf Ihre inhaltlichen und existentiellen Fragen, die Sie an und über die Bibeltexte formulieren. Diese werde ich während der Weihnachtsferien sichten, ich werde versuchen, sie jeweils zu beantworten und mir zudem überlegen, wie wir auf Ihre Anfragen im Unterricht eingehen können.

Lassen Sie sich bitte darauf ein!

Schreiben Sie bitte nicht einfach nur von einem/r Klassenkamerad/in ab!

Nicht das stupide Ausfüllen von Papier, sondern die jeweils eigene Auseinandersetzung mit dem Bibeltext ist das Ziel dieser Übung.

Außerdem bitte ich Sie noch, am Schluss auf etwa einer halben Seite ein **Fazit** nieder zu schreiben, wie Sie diese Auseinandersetzung mit der Bibel ganz persönlich empfunden haben, vielleicht auch ob und wie sich Ihre Einstellung während des Projekts verändert hat, was es Ihnen gebracht hat, was Sie dabei geärgert hat …

Vielen Dank im Voraus, ich bin sehr gespannt auf die Ergebnisse!

M2 – verschiedene Textauswahlmöglichkeiten

Textauswahl 01		Textauswahl 02		Textauswahl 03	
Buch	Kapitel	Buch	Kapitel	Buch	Kapitel
Erste Woche					
1. Buch Mose (Genesis)	1–2	1. Buch Mose (Genesis)	1–2	1.Buch Samuel	8
	3–4		3		9,1–10,16
	6–7		4		15–16
	8–9		5		17–18
	11,1–9		6–8		24
	12–13		9		25
	14–15		11,1–9		31
Zweite Woche					
1. Buch Mose (Genesis)	17–18,15	1. Buch Mose (Genesis)	11,10–32	2.Buch Samuel	1
	18,16–19,39		12		2+5
	21,1–21		18,1–15		11–12
	22		19,1–26		15
	24		22		18
	25,19–34		24	1.Buch der Könige	1
	27		25,19–34		2
Dritte Woche					
1. Buch Mose (Genesis)	28	1. Buch Mose (Genesis)	27	2.Buch der Könige	2+4
	29–30		28		23
	37		37		24,1–17
	39–40		39		24,18–25,30
	41		40	Psalmen	1+137
	43–47		41	Buch des Propheten Jona	1–2
	49–50		43–47		3–4

Textauswahl 01		Textauswahl 02		Textauswahl 03	
Buch	Kapitel	Buch	Kapitel	Buch	Kapitel
Vierte Woche					
2. Buch Mose (Exodus)	1-2	2. Buch Mose (Exodus)	3,1-4,17	Evangelium nach Matthäus	1-2
	3-6		12		3-4
	7-11		19,1-20,21		5-7
	12-13		24,1-11		8-9
	14-16		32		10-11
	17	4. Buch Mose (Numeri)	13-14		12-14
	19-20		20-21		15-17
Fünfte Woche					
3. Buch Mose (Levitikus)	1	Evangelium nach Lukas	1-2	Evangelium nach Matthäus	18-20
	15-16		3		21-22
	19 + 23		4		23-25
4. Buch Mose (Numeri)	1		7		26
	20		15		27
	21		22		28
	22-24		23	Brief an Philemeon	Vers 1-25
Sechste Woche					
5. Buch Mose (Deuteronomium)	1	Apostelgeschichte	2		
	4,44-5,33		9		
	11		15		
	26		27		
	31, 1-8		28		
	32	Apokalypse des Johannes	5-6		
	33-34		21,1-22,5		

M3 – Bibellesetagebuch Blatt-Vorlage

Das **Bibel-Lesetagebuch**

Textabschnitt: _____

Eigene Überschrift: _____

kurze Inhaltsangabe: _____
_____
_____
_____
_____

ein Aspekt / Vers, der mir gefallen hat: _____
_____
_____
_____

inhaltliche Frage(n): _____
_____
_____
_____

persönliche Frage(n) und Anmerkung(en): _____
_____
_____
_____

Name: _____   *Datum:* _____

benutzte **Bibelübersetzung**: ☐ Martin Luther ☐ Gute Nachricht ☐ Einheitsübers. ☐ Hoffnung für alle ☐ _____

Seitenzahl: ___ von insgesamt ___ Seiten

M4 – ausgefüllte und kommentierte Beispielseiten

Das **Bibel-Lesetagebuch**

Textabschnitt: 2. Buch der Könige 2+4

Eigene Überschrift: Elisa kann einfach alles

kurze Inhaltsangabe: Orts- und Personenwechsel: Nachdem Elia von einem feurigen Wagen mit feurigen Rossen abgeholt wurde, tritt Elisa dessen Nachfolge als Prophet an. Daraufhin teilt er Wasser, macht eine Quelle gesund, hilft einer Witwe, bekommt ein Kind, die welches stirbt, belebt das Kind wieder und kocht Gemüsesuppe.

ein Aspekt / Vers, der mir gefallen hat:

2,11: „Und als sie miteinander gingen und redeten, siehe, da kam ein feuriger Wagen mit feurigen Rossen, die schieden die beiden voneinander."

inhaltliche Frage(n): Wieso wird Elias einfach so von brennenden Rössern abgeholt? Wieso kann Elisa Wasser teilen, indem er Elias Mantel ins Wasser schlägt? Und wer hat Elisa zum Nachfolger gewählt? Elia / Gott!

Er wird für seinen Einsatz für Gott belohnt, er stirbt nicht!
Erinnerung an den Schilfmeer. Wunder von Mose ...

persönliche Frage(n) und Anmerkung(en): Guter Abschnitt, indem es mal wieder hollywoodreife Inszenierungen gibt (brennende Rösser) Gehasi, den Diener von Elisa, fand ich sehr sympathisch. Aber wieso müssen 42 Kinder von Bären zerrissen werden??? Über manche Dinge (z.B. heilige Räume) macht man sich heute Gedanken ...

Name: ▓▓▓▓▓▓▓▓▓▓ **Datum:** 01.12.11

benutzte Bibelübersetzung: ☒ Martin Luther ☐ Gute Nachricht ☐ Einheitsübers. ☐ Hoffnung für alle ☐ _____

Das Bibel-Lesetagebuch

Textabschnitt: Evangelium nach Markus 1-2

Eigene Überschrift: Dr. med. Jesus Christus

kurze Inhaltsangabe: Jesus lässt sich von Johannes taufen. Danach wird er von Gott als sein Sohn anerkannt und sucht sich seine Jünger. In der Stadt Kapernaum heilt Jesus viele Kranke, unter anderem auch einen Gelähmten und erklärt einigen Schriftgelehrten, dass auch er Sünden vergeben kann (nicht nur Gott). Jesus hat es sich zum Ziel gemacht, den Kranken und Schwachen zu helfen, nicht den Starken.

ein Aspekt / Vers, der mir gefallen hat: 2,21: „Niemand flickt einen Lappen von neuem Tuch auf ein altes Kleid; sonst reißt der neue Lappen vom alten ab und der Riss wird ärger." 2,22: „Und niemand füllt neuen Wein in alte Schläuche; sonst zerreißt der Wein die Schläuche und der Wein ist verloren und die Schläuche auch; sondern man soll neuen Wein in neue Schläuche füllen." (Zitat von J. Christus)

inhaltliche Frage(n): Wieso lässt Jesus sich erst jetzt taufen? Wieso wählt Gott gerade ihn als sein Sohn aus? Was sind Zöllner? Was bedeutet „Ähren ausraufen" (2,23)? Und warum ist das am Sabbat verboten? Heißt Jesus Jesus oder Jesu? Was ist der Unterschied?

persönliche Frage(n) und Anmerkung(en): Dieser Abschnitt war super! Ich habe mich gefreut, dass Jesus vorkommt (der zweitbekannteste Protagonist aus der Bibel nach Gott). Die Absichten, die er hat (den Armen und Kranken zu helfen) gefallen mir sehr gut.

Name: ███████ **Datum:** 10.12.11

benutzte Bibelübersetzung: ☒ Martin Luther ☐ Gute Nachricht ☐ Einheitsübers. ☐ Hoffnung für alle ☐

118 Wolf Eckhard Miethke

M5 – Feedbackbogen

Das fand ich richtig toll, überraschend, neu, überzeugend, ... beim Bibellesen:

Das hat mich genervt, geärgert, fand ich furchtbar ... beim Bibellesen:

Die Bibel

Bibellesetagebuch 119

M6 – Beispiel eines Bewertungsbogens

Bewertung des Bibel-Lesetagebuchs von ....
benutzte **Bibelübersetzung:** ☐ Martin Luther ☐ Gute Nachricht
☐ Einheitsübersetzung ☐ Hoffnung für alle ☐ _____

Vollständigkeit
Von den vorgegebenen Textabschnitten wurden … behandelt.

1	2	3	4	5	6
100 % – alles	nur 80 %	nur 65 %	nur 50 %	nur gut 30 %	knapp 20%

Ausführlichkeit
Die verfassten Zusammenfassungen geben den Inhalt … wieder.

1	2	3	4	5	6
umfassend und treffend	ausführlich und treffend	knapp aber verständlich	gelegentlich unvollständig	weitgehend unvollständig	gar nicht

sachliche Richtigkeit der Zusammenfassungen und Überschriften
Die verfassten Zusammenfassungen und Überschriften waren inhaltlich …

1	2	3	4	5	6
alle voll zutreffend	in der Regel zutreffend	meist zutreffend	oft unzutreffend	kaum zutreffend	zu oft unzutreffend

Qualität der Fragen
Die Fragen zeigten eine … Auseinandersetzung mit dem Gelesenen.

1	2	3	4	5	6
tiefe	gute	befriedigende	ausreichende	mangelhafte	ungenügende

Summe der Noten: ☐   Durchschnittsnote: ☐

Pünktlichkeit
Das Bibellesetagebuch wurde pünktlich/mit .... Tagen Verspätung abgegeben. Darum gibt es – wie verabredet – .... Noten Abzug.

Gesamtnote: Datum:

4.3 »Für mich gestorben!? – Was geht uns der Tod Jesu an?« Schüler[96] stellen Fragen zum Tod Jesu

Oliver Arnhold

Klassenstufe: Oberstufe
Gerade bei einem so komplexen theologischen Thema wie der Deutung des Todes Jesu wird in diesem Beitrag versucht, bei den Fragen der Schüler anzusetzen und aus diesen Fragen heraus die didaktische Strukturierung der Unterrichtseinheit zu leisten.

Die Heilsbedeutung des Todes Jesu und seiner Auferstehung steht im Zentrum des christlichen Glaubens, auch wenn in jüngster Zeit in der theologischen Diskussion vermehrt Kritik an der Deutung des Todes Jesu geäußert wurde.[97] In den Vorgaben für das schriftliche Zentralabitur im Fach Evangelische Religionslehre in Nordrhein-Westfalen wird demnach die Behandlung von kontrastierenden theologischen Ansätzen der Deutung des Todes Jesu zur Vorgabe gemacht.[98]

Die Deutung des Todes Jesu als Sühneopfer für die Sünden der Menschheit ist vielen Schülern in einem Religionskurs der gymnasialen Oberstufe rein formal durch ihre bisherige religiöse Sozialisation bekannt, sei es aus dem Elternhaus, aus dem kirchlichen Konfirmandenunterricht und Gottesdienst (Abendmahl) oder aus dem Religionsunterricht der Sekundarstufe I. Michaela Albrecht beschreibt allerdings, dass die Jugendlichen entweder in einer Art »Grundvertrauen« dieser Deutung eine »Gültigkeit« zusprechen, da sie auf die theologische Tradition vertrauen und keine Notwendigkeit sehen, diese zu

---

96 Im folgenden Beitrag wird einzig aus Gründen der besseren Lesbarkeit nur die maskuline Form explizit erwähnt. Selbstverständlich ist die feminine Form stets mit gemeint.
97 Vgl. dazu: Jörns, K. P., Notwendige Abschiede. Auf dem Weg zu einem glaubwürdigen Christentum. Gütersloh 2004; WDR 5, Lebenszeichen: Ist das Kreuz für uns gestorben? Fragen an die Opfertodtheologie von Morgenroth, M. 02.04.2010, http://www.wdr5.de/fileadmin/user_upload/Sendungen/Lebenszeichen/2010/Manuskripte/100402ms-morgenroth.pdf (31.07.2012); Müller, B., Morgenandacht im WDR am 11. und 13.02.2009.
98 Vgl. http://www.standardsicherung.schulministerium.nrw.de/abitur-gost/fach.php?fach=26 (31.07.2012).

hinterfragen, oder es erscheint ihnen die »sündentilgende Wirkung des Kreuzestodes nicht einleuchtend oder unwichtig«.[99] Die überwiegende Mehrheit der Schüler steht der Frage des Opfertodes demnach indifferent gegenüber, da sie sich nicht persönlich betroffen fühlt und/oder keine Notwendigkeit sieht, sich von sich heraus mit dieser Frage zu beschäftigen. Zu sehr schcint die Deutung heutigem Lebensgefühl und dem Selbstkonzept der Jugendlichen zu widersprechen. Erschwerend kommt dann zumeist noch hinzu, dass die Deutungen des Todes Jesu am Kreuz theologisch sehr komplexe Fragestellungen sind und keine einfachen Antworten zulassen, weisen doch schon die neutestamentlichen Deutungen ein breites Spektrum auf.[100] Die Sprache dieser und späterer theologischer Traditionen ist zudem für viele Schüler unverständlich, Begriffe wie »Opfer«, »Sünde«, »Sühne« oder »Erlösung« sind »vielfältigen Gefahren des Missverständnisses ausgesetzt«.[101] Die Ausgangssituation zur Beschäftigung mit diesem Thema scheint somit aus Schülersicht zunächst wenig motivierend.

Um eine Verbindung der Jugendlichen zu dem theologischen Diskurs herzustellen und eine individuelle Reflexion zu ermöglichen, ist es daher didaktisch geboten, sich bei der Behandlung des Themas an den Fragen der Schüler zu orientieren: Welche Fragen stellen die Jugendlichen eigentlich zum Tod Jesu? Und welche Fragen ergeben sich für sie aus einer Deutung, die den Opfertod betont? Petra Freudenberger-Lötz beschreibt ein derartiges »Theologisieren mit Jugendlichen« als »fruchtbar«, da »die theologischen Deutungen der Jugendlichen wahrgenommen, wertgeschätzt, als konstitutiv für das Unterrichtsgeschehen aufgegriffen und für den weiteren Verlauf des Unterrichts fruchtbar gemacht«[102] werden. Zudem orientiert sich ein solcher Unterricht tatsächlich an den Bedürfnissen und Sorgen der Schüler, da ihre Fragen und Probleme zu Wort kommen können. Geht es umgekehrt beim Opfertod Jesu um eine existenzielle Grundfrage, kommt es bei der

---

99 Albrecht, M., Vom Kreuz reden im Religionsunterricht. Göttingen 2008, 24.
100 Für den Unterricht sehr hilfreiches Material dazu bietet: Huppenbauer, T. et al., Für uns gestorben. Deutungen des Todes Jesu im Neuen Testament für die Sek. II. In: entwurf 2 (2005), 48–55.
101 Frey, J., Probleme der Deutung des Todes Jesu. In: Frey, J./Schröter, J. (Hg.), Deutungen des Todes Jesu im Neuen Testament. Tübingen 2007, 5.
102 Freudenberger-Lötz, P., Theologische Gespräche mit Jugendlichen. München 2012, 12.

Behandlung des Themas im Unterricht entscheidend darauf an, dass die Schüler von dieser theologischen Frage auch berührt werden, das heißt eine Vorstellung und ein Gefühl dafür entwickeln, dass sie der Tod Jesu am Kreuz unmittelbar etwas angeht. Ist ein solches Interesse der Jugendlichen geweckt, kann eine Weiterentwicklung der eigenen Deutungsmuster und Fragen in Auseinandersetzung mit der theologischen Tradition und Diskussion in der Gegenwart gelingen und sich als weiterführend erweisen.

Die Orientierung an den Fragen der Schüler soll Raum geben für die persönliche Klärung des eigenen Standpunktes, so dass sich die Jugendlichen ihrer eigenen Haltung zu der angesprochenen Frage bewusst werden können: Was denke ich persönlich über den Kreuzestod Jesu, was erscheint mir daran, wenn überhaupt, bedeutsam, was finde ich problematisch? Welche Voreinstellungen habe ich dieser Frage gegenüber, welches Vorwissen und welche Vorerfahrungen bringe ich gegenüber diesem Gegenstand mit? Bei der Beschäftigung soll es aber nicht nur bei einer Bestandsaufnahme bleiben, sondern es soll ja vor allem auch darum gehen, nach möglichen Antworten auf die theologischen Fragen und eventuell nach Lösungen für die angesprochenen theologischen Probleme zu suchen. Dazu ist eine reflektierende und diskursfähige Haltung der Jugendlichen notwendig, die sich zunächst erst einmal auf die Positionen der Mitschüler beziehen sollte. Anknüpfend an ihre Vorkenntnisse und Vorerfahrung sowie Einstellung müssen die Jugendlichen die Gelegenheit erhalten, durch Kommunikation mit ihren Mitschülern deren Wissen, Meinung und Erkenntnisse zu erfahren. Dazu sollten Gesprächsmöglichkeiten eröffnet werden, in denen die Schüler die Bedeutung des Todes Jesu für sich persönlich hinterfragen und im Diskurs erörtern können.

Die von Kathy und Norm Green entwickelte Grundstruktur des Kooperativen Lernens (Denken – Austauschen – Vorstellen) bietet sich für einen derartigen Lernprozess besonders an. Beim kooperativen Lernen erfolgt zunächst die individuelle Auseinandersetzung jedes einzelnen Jugendlichen mit einer Aufgabe. Daraufhin erfolgt in der Gruppe von 2–4 Personen ein Austausch, bei dem jedes Gruppenmitglied einen individuellen Beitrag zu einem Gruppenergebnis leistet. Dabei wird eine positive Abhängigkeit erzeugt, weil sich jedes Gruppenmitglied sowohl für seinen individuellen Beitrag als auch für den Gruppenerfolg verantwortlich fühlt. Die Gruppenarbeit bietet zudem die Möglichkeit einer wechselseitigen Ergänzung und Kontrolle des eigenen Verständnisses durch das Gespräch mit den Mitschülern. Erst am Schluss erfolgt die Präsentation der Lernergebnisse vor der Klasse bzw. dem Kurs und der Lehrperson. Freudenberger-Lötz weist darauf hin, dass Schüler ein solches Vorgehen auch deshalb schätzen, da sie sich stärker persönlich einbringen können und jeder individuelle Beitrag wichtig ist. Im Unterrichtsgespräch würden zumeist mündlich engagierte »Wortführer« das Gespräch bestimmen oder es bilde sich eine »Gruppenmeinung heraus, die es anderen Meinungen schwer mache, gehört zu werden«.[103] So gehen vielleicht Fragen und Meinungen insbesondere der stilleren und schüchternen Schüler unter. Gerade im Religionsunterricht bietet sich daher Kooperatives Lernen an, da durch die Arbeitsstruktur positive Abhängigkeiten des »einander Brauchens« erzeugt werden, das Verantwortungsbewusstsein für die Gruppenmitglieder gefördert bzw. gestärkt wird sowie kommunikative und soziale Kompetenzen und affektive Lernziele, sich in andere Menschen hineinzuversetzen, gefördert werden.

Das Placemat (Tischset, Platzdeckchen) stellt ein wirkungsvolles Verfahren dar, »wie kooperative Arbeitsabläufe strukturiert und Ergebnisse verglichen«[104] werden können, und eignet sich sehr gut, »um verschiedene Ideen, Meinungen oder Antworten bezüglich eines Themas in die Diskussion einzubringen«.[105] Die Schüler sitzen dazu in Dreier- oder Vierergruppen an Tischen zusammen, jede Gruppe erhält einen großen Bogen Papier für ihren Arbeitstisch, der so eingeteilt wird, dass jeder ein eigenes Feld vor sich hat. In der Mitte bleibt ein Feld für die Gruppenergebnisse frei.

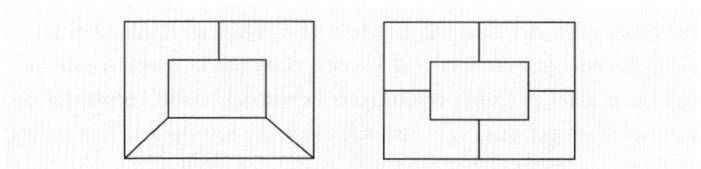

Abbildung 17: Placement für eine Dreier- bzw. Vierergruppe

---

103 A. a. O., 107.
104 Brüning, L./Saum, T., Erfolgreich unterrichten durch Kooperatives Lernen. Strategien zur Schüleraktivierung 1. Essen 2009, 25.
105 Freudenberger-Lötz (2012), 109.

Zu Beginn der Einstiegsstunde in die Unterrichtseinheit zum Kreuzestod Jesu waren die Tische mit solchen Placemats bestückt. In der ersten Phase, der Einzelarbeit, notierten die Schüler ihre Gedanken und Fragen zu der vorgegebenen Aussage: »Jesus Christus – für mich gestorben«, in einer zweiten Phase wurden die individuellen Ergebnisse ausgetauscht und miteinander verglichen. Da es sich um persönliche Aussagen handelte, durften sich die Jugendlichen ihre Gruppe frei wählen, da es ihnen dadurch leichter fiel, ihre Gedanken zu verschriftlichen und später der Gruppe vorzustellen.

Es wurde mit der Einzelarbeit zudem eine Spannung erzeugt, da die Schüler neugierig darauf waren, was die anderen Gruppenmitglieder zu dieser Frage aufgeschrieben hatten. In der darauf folgenden Austauschphase, in der die Jugendlichen ihre eigenen Gedanken zu der Aussage der Gruppe vorstellten, erfolgte eine angeregte Diskussion, an der alle Kursteilnehmer gleichermaßen beteiligt waren. Der Redeanteil der Schüler war somit um ein Vielfaches höher als bei einem Unterrichtsgespräch. Häufig wurde noch einmal nachgefragt und nachgehakt, wenn die Gedanken des Vortragenden nicht unmittelbar verständlich oder einsichtig waren. Im Gespräch konnten dabei auch Gegenargumente und Fragen diskutiert werden. In diesem gegenseitigen Austauschprozess teilten die Schüler nicht nur ihre Fragen und Positionen, sondern sie vermehrten in der Auseinandersetzung mit den anderen Schülern ihr eigenes Wissen und natürlich auch ihre interaktiven Kompetenzen. Je nachdem wie die Diskussion in den Gruppen verlief, mussten die Schüler auch ihre Konflikt- und Kritikfähigkeit unter Beweis stellen, um ihre Position zu verteidigen oder kritische Anfragen an eine andere Meinung zu richten. Vor allem die »Fähigkeit zur Zusammenarbeit, die Fähigkeit, Unterschiede zu akzeptieren und Toleranz und Respekt füreinander zu entwickeln«[106] war dabei gefragt. Es war erstaunlich zu beobachten, wie ernsthaft und mit welchem gegenseitigen Interesse sich die Schüler mit den Fragen und Deutungen in ihrer Gruppe auseinander setzten.

In der dritten Phase des Placematverfahrens wurden die Gruppenergebnisse im Plenum vorgestellt, wobei auf die Aufzeichnungen im Mittelteil des Papierbogens zurückgegriffen werden konnte. Bei

---

106 Wirth-Uffelmann, V., Kooperatives Lernen im Religionsunterricht. In: forum religion 2 (2010), 2.

einem Galerierundgang durch die Klasse stellten die Gruppen ihr jeweiliges Placemat vor und kamen über die Ergebnisse ihrer Gruppenarbeit mit der Lerngruppe ins Gespräch. Anschließend erfolgte eine Reflexion, die sich an folgenden Fragen orientierte: Welche anderen Fragen/Positionen wurden wahrgenommen? Welche Fragen haltet ihr für besonders wichtig? Welche Deutungen haben euch besonders eingeleuchtet, welche eher nicht? Welche (neuen) Erkenntnisse haben sich für euch durch das Gespräch ergeben? Hat sich an den eigenen Sichtweisen etwas verändert? Ist euch persönlich etwas bewusst geworden?

In der Ergebnisrunde wurde deutlich, dass einige Schüler den Satz: »Jesus Christus – für mich gestorben« in einer von mir nicht beabsichtigten Lesart verstanden hatten, nämlich dass Jesus keine Bedeutung mehr für die Jugendlichen habe, also umgangssprachlich »für sie gestorben« sei. Aus diesem Verständnis heraus reflektierten die Schüler im Plenum Fragen, die ihre eigene religiöse Sozialisation und Einbruchstellen für ihren eigenen Glauben betrafen. Die Theodizeeproblematik wurde angesprochen: persönliche Schicksalsschläge, die dazu führen könnten, von Jesus nichts mehr zu erwarten. Auch die Wundergeschichten und die Auferstehung, die dem eigenen wissenschaftlich geprägten Weltbild widersprächen, wurden als Begründung für den Abfall vom Glauben an Jesus angeführt: Als Kind habe man noch daran glauben können, inzwischen sei man aufgeklärt. Ferner wurde die Frage diskutiert, ob der Glaube an Jesus wirklich heilsnotwendig sei, wenn Gott doch alle Menschen liebe, auch die, die nicht an Christus glauben, sei es, weil sie einer anderen Religion angehörten, sei es, weil sie nicht an ihn glauben könnten. Auch eine fehlende Glaubwürdigkeit der Institution Kirche wurde von einigen Schülern angesprochen, die dazu führen könnte, dass Jesus keine Rolle mehr für einige Menschen spiele.

Durch diese eigentlich nicht beabsichtigte Lesart sind eine ganze Reihe wichtiger Fragen aufgeworfen worden, es haben sich Anknüpfungspunkte für weitere Inhalte ergeben, die es im weiteren Unterrichtsgeschehen aufzugreifen und zu vertiefen gilt. Dazu dürfen diese nicht verloren gehen. Um die Fragen zu sichern, bietet sich die Karteikartenmethode[107] an, bei der die Fragen auf Karteikarten festgehalten

---

107 Freudenberger-Lötz (2012), 34.

werden, oder entsprechende Mind-Maps auf einer Wandzeitung, die im Kursraum aufgehängt wird und somit auch sichtbar präsent bleibt.

Das Festhalten der Fragen auf Karteikarten ist auch deshalb sinnvoll, da diese dann besser sortiert, in eine Reihenfolge und unter eine gemeinsame Überschrift gebracht werden können. So ergaben sich aus den Schülerfragen, die den Satz: »Jesus Christus – für mich gestorben« auf die intendierte Art und Weise verstanden hatten, folgende Gruppen von Fragen:

Sünde und Sündenvergebung
- Nimmt Jesus tatsächlich mit seinem Tod unsere Sünden auf sich?
- Hätte er unsere Sünden nicht auch anders von uns nehmen können?
- Warum musste er für mich sterben? Was habe ich verbrochen?
- Sind meine Sünden wirklich verziehen, wenn ein anderer Mensch für mich leiden muss? Habe ich dann nicht auch noch seinen Tod auf dem Gewissen?
- Wenn Jesu Tod sündenfrei macht, kann man sich dann jetzt alles erlauben? Kann Jesu Tod damit ausgenutzt werden?
- Was bringt mir denn sein Tod heute?
- Hat sich durch Jesu Tod bei uns persönlich etwas verändert?
- Warum gibt es immer noch so viel Ungerechtigkeit/Leid auf der Welt, wenn Jesus doch für die Menschen gestorben ist?

Stellvertretung
- Ist Jesus tatsächlich stellvertretend *für alle* Menschen gestorben?
- Kann ein Mensch überhaupt für die gesamte Menschheit sterben?
- Bin »ich« es wirklich wert, dass jemand für mich stirbt?
- Warum ist Jesus für Menschen gestorben, die er nicht kannte?
- Wie kann ein Mensch mit seinem Tod die Sünden aller anderen auf sich nehmen?
- Wie kann überhaupt eine Sünde durch jemand anderen beglichen werden?
- Warum muss überhaupt ein Mensch für einen anderen sterben?

Opfer
- Wieso braucht Gott überhaupt ein Opfer?
- Warum sollte Gott seinen Sohn opfern?

- Sieht Gott uns durch Jesu Tod anders?
- Warum hat Jesus dieses Opfer überhaupt auf sich genommen?

Deutung von Jesu Tod als Märtyrertod

- Ist Jesus nicht einfach nur ein Märtyrer, der für seine Ideale gestorben ist?
- Hat Jesus es wirklich freiwillig getan?
- Hätte Jesus als Mensch und durch seine Taten nicht genug für mich tun können?

Eschatologische Deutung

- Ist Jesus gestorben, um zu demonstrieren, dass es ein ewiges Leben gibt?

Eine ganze Reihe von spannenden theologischen Fragen hat dieser Einstieg hervorgebracht, die es nun durch die Beschäftigung mit den biblischen Schriften, traditionellen Lehraussagen und Deutungen sowie kontrastierenden theologischen Entwürfen weiter zu bearbeiten gilt. Im weiteren Unterrichtsverlauf muss geklärt werden, was mit den theologischen Schlüsselbegriffen wie beispielsweise »Sünde«, »Opfer«, »Stellvertretung« gemeint oder wie der Zusammenhang von Kreuz und Auferstehung zu verstehen ist. Dabei kann mithilfe der Karteikarten immer wieder auf die Fragen zurückgegriffen und diskutiert werden, ob die entsprechenden Erklärungen und Deutungen, die im Unterricht besprochen werden, hinreichende Antworten darstellen und persönlich tragfähig erscheinen. In diesem Sinne machen die von den Schülern aufgeworfenen Fragen Mut zur Auseinandersetzung mit den traditionellen Denk- und Deutungsmodellen, damit die Schüler am Ende ein eigenständiges, begründetes theologisches Urteil fällen können.

4.4 Schülerfragen als Weg zur Bildung diakonischer Kompetenzen

Gabriele Klappenecker

*Klassenstufe: Oberstufe/Seminarfach
In vielen Bundesländern ist es möglich, an Gymnasien einen Oberstufenkurs anzubieten, in dem sich meist zwei Lehrpersonen verschiedener Fächer auf ein Thema einigen, welches die Schülerinnen und Schüler interdisziplinär erschließen. Sie beenden es mit einer Facharbeit und einem Kolloquium. Das hier vorgestellte Konzept bezieht sich auf einen in Baden-Württemberg durchgeführten Kurs, welcher diakonische Lernprozesse u. a. auf der Grundlage von Schülerfragen anregte. Der am Friedrich-List-Gymnasium in Asperg durchgeführte Kurs lag auf dem Überschneidungsgebiet der Fächer »Biologie« und »Religion«, hatte den Titel »Leben ist Beziehung« und diente insbesondere der Ausbildung diakonischer Kompetenzen auf der Basis reflektierter Praxis in sozialen, diakonischen, medizinischen und wissenschaftlichen Einrichtungen. Im Folgenden wird anhand einiger repräsentativer Ausschnitte aus dem Kurs gezeigt, wie Schülerinnen und Schüler entlang der von ihnen selbst gestellten Fragen zu diakonischen Kompetenzen finden können.*[108]

Einführung

Diakonische Kompetenzen bilden sich in besonderer Weise auf der Basis reflektierter Praxis. Zu ihnen können Schülerinnen und Schüler anhand ihrer eigenen Fragen finden.

Zunächst wird dargelegt, was unter diakonischen Kompetenzen zu verstehen ist. In einem weiteren Schritt werden die drei Phasen

---

[108] Eine detaillierte Information zu diesem Kurs kann man beziehen über diese Internetadresse: http://www.evangelisches-schulwerk-baden-und-wuerttemberg.de/cms/startseite. Hier kann eine Handreichung zum diakonisch-sozialen Lernen angefordert werden: Gabriele Klappenecker im Auftrag des Evangelischen Schulwerkes in Württemberg, Ge*Mein*wohl. Eine Handreichung zur Durchführung eines Seminarkurses mit einem Schwerpunkt auf dem diakonisch-sozialen Lernen für Lehrerinnen und Lehrer, Pfarrerinnen und Pfarrer an allgemeinbildenden und beruflichen Gymnasien in Baden-Württemberg, Stuttgart 2013.

skizziert, die Schülerinnen und Schüler im Rahmen ihres Kurses durchlaufen. Abschließend wird der Weg von ersten Schülerfragen bis hin zum Kompetenzerwerb noch einmal in einem Gesamtüberblick beschrieben.

Was sind diakonische Kompetenzen?

»Kompetenzen« beschreiben die Fähigkeiten der Subjekte zur Selbstorganisation, und diese stehen in Analogie zu der im Bildungsbegriff enthaltenen Mündigkeit. Mündig bzw. selbstorganisiert ist, wer unter Bedingungen der Unbestimmtheit handlungsfähig ist.[109]

Der Kompetenzbegriff ist anschlussfähig an das Bildungsverständnis der EKD, in welchem der Zusammenhang von »Wissen, Können, Wertbewusstsein, Haltung, Handlungsfähigkeit und Sinn« betont wird.[110]

Sowohl *Bildung* als auch *Kompetenz* stehen der Verzweckung kritisch gegenüber. Allerdings hat der Kompetenzbegriff die Fragen der Anwendung und der pragmatischen Relevanz im Blick. Der Bildungsbegriff stellt die Person als »ganzen Menschen« und das Moment der kritischen Verantwortung in den Mittelpunkt. Der Kompetenzbegriff betont dies auch, nimmt aber eine Mittelstellung zwischen geisteswissenschaftlichem Bildungsverständnis und funktionaler Orientierung an Fähigkeiten ein.

Martin Horstmann identifiziert vier Dimensionen diakonischer Kompetenz:

1. Die *Dimension der Fachkompetenz:*

Diese ist gegeben, wenn aus diakonischer Perspektive nach den leitenden Bildern der Fachlichkeit gefragt wird. Sie bezieht sich auf die Grundannahmen sozial(beruflich)en Handelns und die dieses Handeln leitenden (ethischen) Vorstellungen, welche den inhaltlichen Zugängen zum Diakoniebegriff entsprechen, z. B. Retten, Zuwenden, Befähigen.

---

[109] Horstmann, M., Was ist »diakonische Kompetenz«? Ein Beitrag zu einem hoffentlich nützlichen Konstrukt. http://diakonisch.files.wordpress.com/2011/02/artikel-diakonische-kompetenz.pdf., 5 ff. (31.07.2012).

[110] EKD (Hg.), Maße des Menschlichen. Evangelische Perspektiven zur Bildung in der Wissens- und Lerngesellschaft. Eine Denkschrift. Gütersloh 2003, 66.

Von Schülerinnen und Schülern kann natürlich nicht diese erst mit dem diakonischen Beruf gegebene Fachlichkeit erwartet werden, wohl aber die Fähigkeit, auf der Basis des ihnen angebotenen Materials und der eigenen Praxis Elemente eines diakonischen Ethos zu identifizieren und selbst zu formulieren.

2. Die *Dimension der personalen Kompetenz*
Diese bezieht sich auf die Haltung der helfend Tätigen. Sie fragt danach, wie er oder sie mit sich selbst umgeht und sich in Beziehung zur Mitwelt und Umwelt setzt. Existenzielle Offenheit bei gleichzeitiger Aufrechterhaltung der eigenen Handlungsfähigkeit sind hier kennzeichnend.

Soll diese Kompetenz im schulischen Kontext erworben werden, haben die Lehrpersonen besonders darauf zu achten, dass die Schülerinnen und Schüler lernen, Grenzen zu setzen, zu sagen, wann ihnen etwas zu viel ist, aber auch darauf, dass sie etwas finden, an dem sie Freude haben und durch das sie Stärken (Kreativität, Einfühlungsvermögen etc.) zur Geltung bringen können.

3. Die *Dimension der sozialen Kompetenz*
Diese »bezieht sich auf die Fähigkeit der Perspektivübernahme und auf Grunddispositionen wie Anerkennung, Geltenlassen und sich in Anspruch nehmen lassen. Sie fordert dazu heraus, sein eigenes Handeln vom Gegenüber her reflektieren zu können.«[111] Es geht dabei um die Haltung, den anderen, die andere als authentisches Subjekt wahrnehmen zu wollen.

4. Die *Dimension der Umsetzungskompetenz*
Diese bezieht sich auf die Angemessenheit des Handelns. Gutes Handeln zeichnet sich dadurch aus, dass es sich weder nur von wissenschaftlicher oder fachlicher Korrektheit leiten lässt (»Theorie«) noch von rein pragmatischer Funktionalität (»Praxis«). Hier ist tiefgehende didaktische Vorarbeit zu leisten.

---

111 Horstmann (2011), 10.

Wie kann im Seminarkurs diakonische Kompetenzentwicklung auf der Grundlage von Fragen ermöglicht werden?

Man kann nicht im Vorhinein fest umrissene Ziele bestimmen, die zu erarbeiten sind. Man kann »nur« eine Bildungsintention verfolgen, die darauf abzielt, Elementarformen des Diakonischen durch Praxis, die auf der Basis differenzierten Fragens reflektiert wird, kennenzulernen. So können sich Kompetenzen bilden.

Im Rahmen eines Seminarkurses, in dem Schülerinnen und Schüler auf dem Weg zur Hochschulreife Kriterien der Wissenschaftlichkeit gerecht werden sollen, müssen zunächst recht spontan gestellte Fragen auf der Basis bereitgestellten oder selbst recherchierten Materials evtl. neu oder verändert formuliert werden. Die Fragen ändern sich ein weiteres Mal, wenn sie nicht auf Texte, sondern auf Menschen treffen, wenn Begegnungen bisherige Thesen, Meinungen und Vorstellungen relativieren, korrigieren und zur Neuformulierung veranlassen.

Im Folgenden werden die drei Phasen des Seminarkurses mit besonderem Augenmerk auf der dazu gehörenden »Frage-Entwicklung« dargestellt.

Phase 1: Die Zeit vor dem Praktikum

Ziele: Die Schülerinnen und Schüler sollen
- mit dem Blick auf die ihnen vorgestellten Einrichtungen Fragen entwickeln und daraufhin einen Praktikumsplatz wählen,
- die Fragen in eine Forschungsfrage ausformulieren und
- die Reduktion dieser Frage leisten im Blick auf ihre Relevanz für die »Klienten«, die Institution/den Ort, die Gesamtgesellschaft.

Beschreibung von Phase 1: Zunächst ist das Problembewusstsein der Schülerinnen und Schüler zu wecken, indem man mit ihnen ein Thema erarbeitet, welches exemplarisch für das Gesamtthema des Seminars steht. Im Fall des am Friedrich-List-Gymnasium Asperg angebotenen Kurses stand neben rein theologischer und medizinischer Fachliteratur u. a. die »UN-Konvention über die Rechte von Menschen mit Behinderungen«[112] im Vordergrund, anhand derer die sozialethischen, diakonischen und medizinischen Implikationen diskutiert wurden, die zu einem – auch im übertragenen Sinne – barrierefreien Leben

---

112 http://www.behindertenbeauftragter.de/DE/Koordinierungsstelle.

führen. Die Lernenden können in einem gelenkten Unterrichtsgespräch Impulse bekommen, die sie zur Auseinandersetzung mit der Frage führen, worin die substanzielle Zielrichtung der Einrichtung und medizinisch-diakonischen Engagements besteht, z. b. Teilhabe ermöglichen, Helfen, Verantwortung (auch für mich selbst) übernehmen.[113] Dann kann ihnen die Einrichtung in einem »Steckbrief« vorgestellt werden, der je eine Station eines Themenfindungszirkels darstellt. Im Klassenzimmer werden mehrere Stationen eingerichtet, die jeweils von allen durchlaufen werden müssen.

Die Schülerinnen und Schüler müssen in Gruppen jeweils an einer Station liegende Zettel ausfüllen, auf denen sie ihre Fragen notieren, die in die Richtung ihres »Forschungsvorhabens« zielen. Die Fragen werden an der Station liegen gelassen, später je auf ein Plakat geklebt oder abgetippt und vervielfältigt sowie zur Diskussion gestellt.

Von ersten Fragen zur Forschungsfrage:

Zentrale Themen und Zielrichtungen aus dem Überschneidungsbereich Diakonie/Medizin	Didaktik/Methodik/Vorgehen
Themen: Soziale Gerechtigkeit, Barrierefreiheit, Gesundheit des ganzen Menschen Zielrichtung Diakonie/Medizin: Teilhabe ermöglichen, Helfen, Verantwortung (auch für mich selbst) übernehmen.	Die Themen anhand passend ausgewählter Texte aufschließen (z. B. Grundgesetz, UN-Menschenrechtskonvention, ethische Richtlinien der christlichen Religion und anderer Religionen etc.). Die Zielrichtung der Texte ist herauszuarbeiten (z. B. durch Rollenspiele, Dilemma-Diskussionen oder klassische Methoden der Texterschließung). Einen »Themenfindungszirkel« anbieten, der zum Finden einer leitenden »Forschungsfrage« führt. Begleitet werden kann dies durch die Aufgabe, ein Portfolio entlang der leitenden Frage zu erstellen sowie eine Zwischenpräsentation (Exposé) als Vorstufe zur Dokumentation. Hierzu ist es nötig, in Recherchetechniken und Techniken wissenschaftlichen Arbeitens einzuführen.

---

113 Vgl. hierzu: Horstmann, M., Das Diakonische entdecken. Didaktische Zugänge zur Diakonie. Veröffentlichungen des Diakoniewissenschaftlichen Instituts an der Universität Heidelberg Bd. 46. Heidelberg 2011, 170 ff.

Im Folgenden werden die Schülerfragen, die an den einzelnen Stationen entstanden sind, in einer repräsentativen Auswahl dargestellt:

Station 1: Einrichtungen für Menschen mit körperlicher und/oder geistiger Behinderung
- Ab wann ist eine körperliche oder geistige »Behinderung« eine Behinderung (z. B. Lese-Rechtschreib-Schwäche)? Wie sehen die medizinischen und sozialwissenschaftlichen Kriterien aus?
- Was können wir als »Gesunde« von »Behinderten« lernen?
- Wie geht die Gesellschaft mit behinderten Menschen um (Berührungsängste, mangelnde Akzeptanz, Vorurteile usw.)? Was kann sie verbessern?
- Wie kann staatliche Hilfe verbessert werden?

Station 2: Eine Einrichtung der Diakonie, welche Hausaufgabenbetreuung, Nachhilfe und Freizeitangebote meist für Kinder mit Migrationshintergrund anbietet
- Worin liegt die Chance des gemeinsamen Lernens von Kindern verschiedener Herkunft? Gibt es Erfolge? Wird »Sitzenbleiben« verhindert?
- Welche Werte für das spätere Leben können den Kindern mitgegeben werden?

Station 3: Eine Vesperkirche (Tafelkirche)
- Kann man das »Paradies auf Erden« erzeugen?
- Nimmt die Vesperkirche den Sozialstaat aus der Verantwortung?
- Mit welcher Intention arbeiten »Ehrenamtliche« und »Hauptamtliche« in der Vesperkirche?
- Welche Menschen kommen in die Vesperkirche? Wie leben sie außerhalb der Vesperkirche?

Station 4: Eine Klinik für Kinder, die an Krebs erkrankt sind
- Gibt es Heilungschancen?
- Hat unsere Gesellschaft einen Einfluss auf Krankheiten?
- Welche Vorstellungen/Wünsche/Hoffnungen halten die Menschen am Leben?
- Wie leben Menschen weiter, die von ihrer Krankheit erfahren haben? Wie kann man ihnen helfen? Soll man immer alle Therapie-

ansätze ausschöpfen? Wie ist intensives Leben *mit* einer Krankheit möglich? Ist es ein intensiveres Leben?
- Gehen Kinder anders als Erwachsene mit Krankheit um?
- Angst vor dem Tod – Wie geht man damit um?
- Kann Religion eine Kraftquelle sein?
- Wie wirken medizinische und ganzheitliche Therapien zusammen? Kann man mit Maltherapie kranken Kindern helfen?
- Wie kann man unser Gesundheitssystem (z. B. 2-Klassen-Medizin, Fallpauschalen usw.) verbessern? Wie stark hängt die Therapie von finanziellen Mitteln der Patienten ab? Wie wirken sich begrenzte Mittel auf Patienten und Helfende aus?

Station 5: Ein Institut für Zoologie an einer Universität
- Können Tiere »sozial« handeln?
- Ist soziales Verhalten angeboren oder antrainiert?
- Gibt es Gemeinsamkeiten und Unterschiede im Sozialverhalten bei Mensch und Tier (Hierarchien, Rudel usw.)?
- Kann man sozial-diakonisches Verhalten neurobiologisch erklären?
- Stimmt die Rechnung: Mensch *minus* Verstand *gleich* Tier?
- Ab wann ist man ein Mensch? Was macht den Mensch zum Menschen? Gibt es wesentliche Unterschiede zwischen Mensch und Tier?

Aus diesen Einzelfragen entwickeln Schülerinnen und Schüler dann ihre Forschungsfragen, die auf dem Hintergrund des Praktikums teilweise noch einmal eine Änderung erfahren können.

Phase 2: Das Praktikum
Ziele: Die Schülerinnen und Schüler sollen
- sich selbst vertiefter wahrnehmen, aber auch die Menschen, die in (diakonisch-)sozialen Einrichtungen begleitet werden,
- sich mit ihrer Forschungsfrage vor dem Hintergrund eigener Praxis und diakonischer Grunderfahrungen auseinandersetzen,
- diakonische und weitere Kompetenzen entwickeln.

Beschreibung von Phase 2: In der Unterrichtszeit vor dem Praktikum kann Überblickswissen zum Thema des Kurses erarbeitet werden (z. B.

über Internet-Recherche); es können Vertreterinnen und Vertreter von Einrichtungen eingeladen werden und Exkursionen in ausgewählte Einrichtungen stattfinden.

Von der ersten Forschungsfrage zur durch Praxis vertieften Forschungsfrage und diakonischen Kompetenz:

Diakonie/Medizin	Didaktik/Methodik/Vorgehen
Diakonische Grunderfahrungen machen und (wissenschaftlich) reflektieren, diakonische und weitere Kompetenzen entwickeln	Tagebuch führen lassen sowie Interviews und Gespräche mit »Klienten« und Betreuern durchführen. Schülerinnen und Schüler dazu einladen, sich kreative Begegnungsmöglichkeiten mit den Klienten auszudenken (Freizeitaktivitäten, künstlerische Aktivitäten, z. B. »Klinik-Clowning« etc.), an den religiösen Ausdrucksformen einer Einrichtung zu partizipieren und sie evtl. mit zu gestalten; Auseinandersetzung mit dem Leitbild der Einrichtung anregen (Anspruch und Wirklichkeit); zur Auseinandersetzung mit dem Beitrag der Einrichtung für den Ort/die Gesamtgesellschaft anregen; Schülerinnen und Schüler besuchen und sich auch mit ihren Betreuungspersonen austauschen; (narrative) Bearbeitung und Reflexion des Erlebten ermöglichen, bei evtl. Neuformulierung der Forschungsfrage begleiten.

Phase 3: Die Zeit bis zur Fertigstellung der Dokumentation und zum Kolloquium

Ziele: Die Schülerinnen und Schüler sollen
- zur Beantwortung ihrer Forschungsfrage Kriterien der Wissenschaftlichkeit (wissenschaftliche Kompetenz) heranziehen,
- evtl. zur Neuformulierung dieser Frage angeregt werden,
- aufgrund ihrer Praxiserfahrung und diakonischen Kompetenzen eine erweiterte Perspektive auf das Gemeinwesen/das Gemeinwohl entwickeln.

Beschreibung von Phase 3: In der Zeit nach dem Praktikum kann das Erlebte dargestellt und reflektiert werden – sowohl auf wissenschaftlicher Ebene als auch auf einer Ebene, in der die Tiefe des Diakoniegeschehens ausgelotet wird. Alles im Kurs Erlebte und Reflektierte mündet, so ist die pädagogische Vision, in eine Dokumentation und in den Erwerb von (diakonischen) Kompetenzen.

Von der vertieften Forschungsfrage und vom Kompetenzerwerb zur Dokumentation:

Diakonie/Medizin	Didaktik/Methodik/Vorgehen
Diakonie/Medizin als Wissenschaft. Diakonische und medizinische Einrichtungen als Orte der Erfahrung und der Gesellschaftsrelevanz.	Praktikumsbericht anfertigen lassen; das bisher im Seminarkurs Erarbeitete und in der Praxis Erfahrene im Plenum darstellen und reflektieren. Hier bieten sich verschiedene Methoden an, z. B. aus einem vor dem Praktikum ausgeteilten Lerntagebuch vorlesen lassen, ein Kugellager[116] bilden, eine Gefühlskurve mit den emotionalen Hoch- und Tiefpunkten zeichnen lassen. In einem gelenkten Unterrichtsgespräch Schülerinnen und Schüler beschreiben lassen, inwiefern es sich um Erfahrungen handelt, die mit der Tiefe des Diakoniegeschehens etwas zu tun haben, z. B. Angenommensein, Respekt etc. Schließlich sind die Schülerinnen und Schüler bei der Fertigstellung ihrer Dokumentation zu begleiten. Sie sollen sich hierbei der Relevanz ihrer Forschungsfrage für ihren Lebenskontext bewusst werden. Auch sind sie bei der Vorbereitung auf das Kolloquium zu unterstützen. Denkbar ist es, Schülerberichte auf der Homepage der Schule und in der Lokalpresse zu veröffentlichen; Stellwände mit Plakaten zu bestücken, die, reich illustriert, über den Seminarkurs informieren und in der Aula der Schule aufgestellt werden, vorzugsweise am »Tag der offenen Tür«. Der Kurs endet mit der Überreichung von Zertifikaten, die die Jahresleistung dokumentieren.

---

114 Kugellager: Die Schülerinnen und Schüler bekommen eine Frage (z. B. Was war mein stärkster Eindruck?) und stellen sich in einem Innen- und einem Außenkreis gegenüber. Jeder hat einen Gesprächspartner. Die gestellten Fragen werden zwischen den Partnern besprochen und auf ein vereinbartes Zeichen hin drehen Innen- und Außenkreis in gegensätzlicher Richtung einen Platz weiter. So kommen neue Paare zustande, die wiederum ihre Antworten einander mitteilen.

Von der Ausgangsfrage zu diakonischen Kompetenzen

In einem Schema wird der Weg von der Anfangsfrage zur diakonischen Kompetenz noch einmal deutlich:

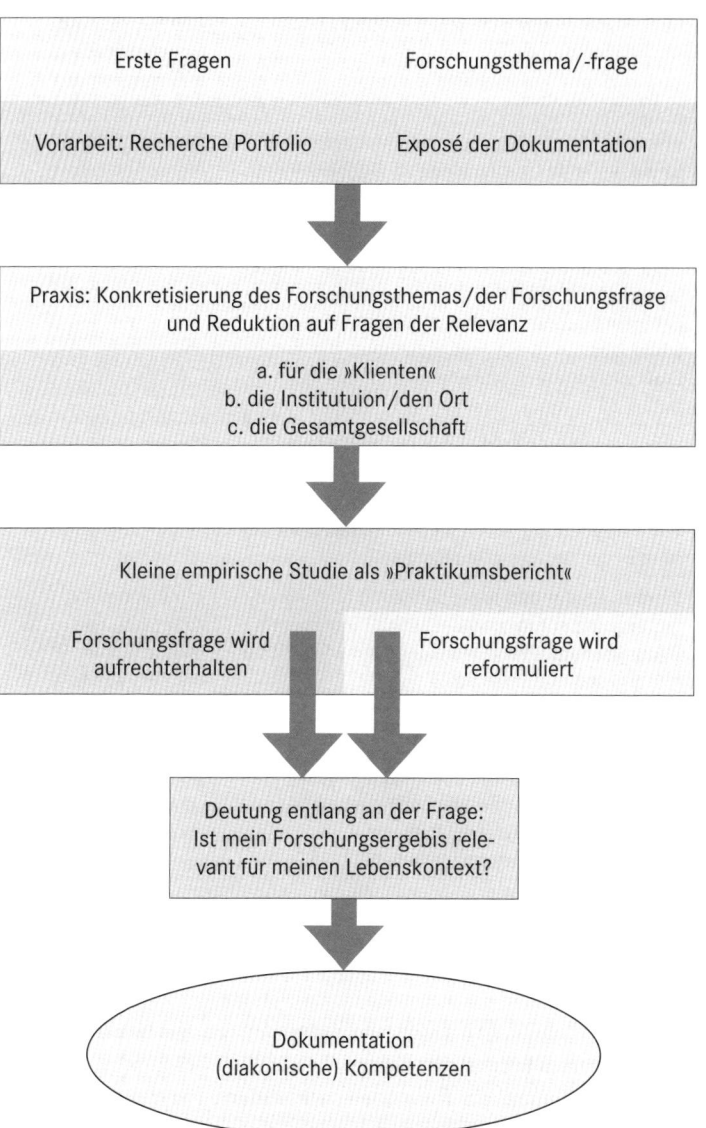

Abbildung 18: Schaubild »von der Ausgangsfrage zu diakonischen Kompetenzen«

Die genauen Inhalte der Forschungsfragen, die nicht immer explizit mit einem Fragezeichen enden, wohl aber eine Fragerichtung vorgeben, sind hier zusammengestellt:

Einzelthemen der Schülerinnen und Schüler	Rahmenthemen (möglichst für 3 Einzelthemen)
Was macht den Menschen zum Menschen? Gibt es wesentliche Unterschiede im Sozialverhalten zwischen Mensch und Tier?	*Was macht den Menschen zum Menschen?*
Ausbildung körperbehinderter Jugendlicher in einer diakonischen Einrichtung und ihre Eingliederung in die Arbeitswelt. Leben in sozialer Schwäche: Ursachen und Auswirkungen Diakonie im interkulturellen und interreligiösen Dialog	*Leben an der Grenze*
Ursachen und Auswirkungen der Krankheit Demenz Leben mit Behinderung früher und heute Wie selbstständig leben Menschen mit Behinderung in der heutigen Gesellschaft?	*(Verlust von) Selbstständigkeit*
Werden Kinder und Jugendliche mit Migrationshintergrund gut in die Gesellschaft integriert? Bildungschancen von Menschen mit Migrationshintergrund in Deutschland Gibt es Vorurteile gegenüber Obdachlosen in unserer Gesellschaft?	*Integration und Akzeptanz von Menschen am Rande der Gesellschaft*
Vesperkirche – Teil des Sozialnetzwerkes Die Motivation ehrenamtlicher Helferinnen und Helfer in unserer Gesellschaft Armut – was bedeutet sie wirklich?	*Soziale Herausforderungen als Aufgabe an die Gesellschaft*
Medizinische Behandlung von Krebspatienten Kinderkrebs ist kein Kinderspiel Psychosoziale Therapien für krebskranke Kinder	*Leben mit einer Krankheit*

Zum Abschluss seien diakonische Kompetenzen, wie sie am Ende des Seminarkurses festgestellt wurden, beispielhaft beschrieben:
- *Soziale Kompetenz:* Eine oben nicht zitierte Frage auf den Listen des Themenfindungszirkels lautete, warum manche Menschen lieber weiter auf der Straße leben, statt sich helfen zu lassen. Im

weiteren Verlauf des Kurses wurde den Lernenden deutlich, dass die Frage nicht eigentlich »angemessen« gestellt ist, d. h. nicht aus der Perspektive des »anderen«, in diesem Falle: eines Obdachlosen. Es wurde ihnen bewusst, dass die Wahl der Lebensweise niemandem direkt oder indirekt vorgeschrieben werden kann und darf. Christliche Theologinnen und Theologen, so formuliert es Martina Kumlehn, leben aus der Erfahrung »schlechthinniger Abhängigkeit« (Schleiermacher) und richten von hier aus den Blick auf Menschen in Krisensituationen. Jedoch definieren sie nicht das, was sie von hier aus unter Gelingen verstehen, für andere als Vorgabe. Der Deutungshorizont christlicher Theologie ist offen zu halten »für das auch durch Deutungsanstrengungen schwer zu Bejahende [...], ja von hier aus sind allererst die Dimensionen des Gelingens von Leben recht zu bewerten«.[115] Wenn Schülerinnen und Schüler dies in ihrer eigenen Weise erkennen und formulieren können, dann haben sie soziale Kompetenz erworben.

– *Personale Kompetenz, Umsetzungskompetenz:* Schülerinnen und Schüler entwickelten Sensibilität für Verletzliches und Schwaches, aber auch für die spezifischen Stärken der Menschen, die sie begleiteten. Sie wurden gemeinsam mit ihnen kreativ.
– *Fachkompetenz:* Sie hinterfragten, vorbereitet durch sorgsam ausgewählte Materialien, einen Leistungsbegriff, der die Wertschätzung eines Menschen einzig an seinem in Zahlen messbaren Erfolg, seinem Gesundheits- und Sozialstatus festmacht, und sie spürten etwas von der unverlierbaren Würde eines jeden Menschen.[116]
– *Fachkompetenz, Umsetzungskompetenz:* Sie erkannten einen Zusammenhang zwischen dem eigenen Impuls, Menschen Wertschätzung und Hilfe entgegenbringen zu wollen, und einem insti-

---

115 Kumlehn, M., Lebenskunst im Alter. Herausforderungen für (religiöse) Bildungsprozesse. In: Klie, T./Kumlehn, M./Kunz, R./Schlag, T. (Hg.), Lebenswissenschaft Praktische Theologie? Praktische Theologie im Wissenschaftsdiskurs, Berlin/New York 2011, 271–290, 289.
116 Schülerinnen und Schüler sind dabei zu unterstützen, sich mit dem christlichen Würdeverständnis auseinander zu setzen. EKD (Hg.), Kerncurriculum für das Fach Evangelische Religionslehre in der gymnasialen Oberstufe. Themen und Inhalte für die Entwicklung von Kompetenzen religiöser Bildung. EKD-Texte 109. Hannover 2010, 53 f.

tutionellen Hilfsethos. So entdeckten sie auch Diskrepanzen zwischen Anspruch und Wirklichkeit und übten Kritik.
- *Fachkompetenz, Umsetzungskompetenz:* Sie wurden sich der Bedeutung ehrenamtlicher Arbeit für das Gemeinwohl bewusst. Sie gaben dies weiter, indem sie ihre Tätigkeit im Kontext ihrer Schule – z. B. durch Stellwände – und/oder ihrer (Kirchen-)Gemeinde – z. B. in Lokalblättern – veröffentlichen.

Das Bildungsinteresse besteht grundsätzlich darin, einen Zusammenhang von Erfahrung, Wertebildung und Handeln deutlich zu machen. Hierbei bilden Schülerfragen die treibende Kraft. Die Praxisphase ist nötig, um nicht ein sehr sektorales und nur »angelesenes« Verständnis von Diakonie hervorzurufen. Wirkliche Bildungsprozesse werden nur ausgelöst, indem man Reflexionen diakonischen Handelns initiiert, also etwa, indem man vor der Praxisphase Wahrnehmungsgrößen wie Barmherzigkeit und Gerechtigkeit einführt – auch in ihrer Lesart durch andere Religionen oder durch die Sozialwissenschaften. Im Seminarkurs findet diese Reflexion auch auf wissenschaftlicher Ebene statt.

Der hermeneutische Zirkel ergibt sich aus der Spannung von Wissen und der Erschütterung durch Erfahrung. Eine intentionale Herbeiführung von Betroffenheit wäre zynisch. Es ist aber eine Konfrontation von Wissen und Erfahrung nötig, da sonst die Schülerfragen »nur« im Seminarstil abgehandelt würden und diakonische Kompetenzen nicht voll zur Entfaltung kämen.

4.5 Fragen zur Christologie als strukturierendes Element in der Oberstufe

Harmjan Dam

Klassenstufe: Oberstufe
In der Oberstufe ist eines der Standardthemen »Jesus Christus«. Es wird in diesem Beitrag gezeigt, wie methodisch in drei Schritten das Vorverständnis der Schüler[117] und ihre wirklichen Fragen abgerufen werden können und wie diese in die didaktische Planung des Halbjahreskurses einfließen. Auch für die Auseinandersetzung mit dem Markus-Evangelium werden methodische Hinweise gegeben, die versuchen die Schülerfragen so gut wie möglich zum Tragen kommen zu lassen.

In der Oberstufe erfahren viele Lehrkräfte eine Spannung zwischen den festgelegten Anforderungen des Abiturs bzw. den vorgeschriebenen Inhalten des Kerncurriculums einerseits und andererseits dem Wunsch auf die vielen Fragen der Schüler einzugehen. Bei einem dialogischen und kompetenzorientierten Unterricht, so wie die EPA[118] sie vorschreiben und so wie auch das EKD-KC[119] sie empfiehlt, wird aber gerade versucht, diese Spannung für den Unterricht fruchtbar zu machen. EPA und EKD-KC benennen »den christlichen Glauben« als zentralen Inhalt des Ev. Religionsunterrichts, aber es geht nicht darum diesen kommentarlos zu vermitteln, wenn so etwas überhaupt möglich wäre. Der christliche Glaube als Kern kann nur in Begegnung, Anknüpfung und Auseinandersetzung mit biografischen und gesellschaftlichen Herausforderungen zum Inhalt des Unterrichts werden.[120] Würde dies nicht passieren, wäre es eine Beschränkung auf die

---

117 Im folgenden Beitrag wird einzig aus Gründen der besseren Lesbarkeit nur die maskuline Form explizit erwähnt. Selbstverständlich ist die feminine Form stets mit gemeint.
118 Einheitliche Prüfungsanforderungen für das Abitur Evangelische Religionslehre. Beschlüsse der Kultusministerkonferenz 16.11.2006. München/Neuwied 2007.
119 Kerncurriculum für das Fach Evangelische Religionslehre in der gymnasialen Oberstufe. EKD-Texte 109. Hannover 2010.
120 Siehe Schema in EKD-KC, 16.

katechetische Weitergabe von Glaubensinhalten, was nicht mit dem Ziel des RU in der öffentlichen Schule (Befähigung zum reflektierten Umgang mit Religion) korrespondieren würde. In der EPA werden die biografischen und lebensweltbezogenen Fragen der Schüler mit den sechs existenziellen philosophischen Fragen von I. Kant erläutert: Wer bin ich? Wie gelingt mein Leben? Worauf kann ich vertrauen? Was ist wahr? Was soll ich tun? Was darf ich hoffen? Die drei Bezugsfelder in der pluralen Gesellschaft sind (1) die religiös-ethischen Herausforderungen in Kultur, Wissenschaft, Politik und Wirtschaft, (2) plurale religiöse Lebensentwürfe und Weltdeutungen und (3) religiös geprägte Ausdrucksformen der Gegenwartskultur. Ein zeitgemäßer, auf Dialog, Auseinandersetzung und Kompetenz ausgerichteter Religionsunterricht hat einerseits die existenziellen Fragen im Blick, andererseits die Herausforderungen in der Gegenwartskultur. Um für Schüler direkt relevant zu sein, müssen Schülerfragen mit dem inhaltlichen Profil des Faches verschränkt werden.

Im kompetenzorientierten Unterricht spielen dazu zwei methodisch-didaktische Elemente eine wichtige Rolle:
1. das Eruieren der Lernsituation (Was wissen und können die Schüler schon? Wo kann ich als Lehrkraft anschließen?)[121]
2. die Anwendungsmöglichkeit, z. B. eine »komplexe Anforderungssituation«.[122]

Das Stellen von Fragen ist eine gute Möglichkeit, die Lernsituation bzw. Lernausgangslage zu erfassen. Dabei gibt es aber einige Klippen, die zu vermeiden sind, wie Lindner und Zimmermann in ihrem Buch »Schülerfragen im (R)U« schon am Anfang der Einführung darlegen.[123] Beim Thema »Jesus Christus« in der Oberstufe reicht ein einfaches Fragen (»Was habt ihr dazu schon gemacht? Was möchtet ihr, dass wir

---

121 Obst, G., Kompetenzorientiertes Lehren und Lernen im Religionsunterricht. 3. aktual. Aufl. Göttingen 2010, 54–165; Fischer, M., Die Erhebung der Lernausgangslage. Fundament des kompetenzorientierten Religionsunterrichts. In: Schönberger Hefte 2 (2011), 23–26.
122 Obst (2010), 46–53.
123 Lindner/Zimmermann (2011), 1. Hier wurden Schüler der 5. Klasse aufgefordert aufzuschreiben, was sie über die Bibel wissen wollten. Dass bei einer derartigen Herangehensweise keine Fragen formuliert werden, kann ich aus eigener Erfahrung mit 5. Klassen bestätigen.

besprechen?«) nicht aus, um die Lernausgangslage zu erfassen. Dies ist auch ein Fehler, weil sich in der Regel dann zuerst die lautesten Schüler melden und behaupten, dass sie das Thema in den letzten Jahren schon gemacht haben! Auch wenn sie nicht unbedingt repräsentativ für die ganze Gruppe sind, verhindern sie die Bereitschaft der anderen, sich auf einer tieferen Ebene erneut mit dem Thema Jesus Christus auseinander zu setzen. Das einfache Fragen kann auch ein Fehler sein, weil es dann Wortmeldungen geben kann von Schülern, die gerade gestern dazu etwas im Internet gelesen oder im Fernsehen aufgeschnappt haben (»Da war doch neulich einer in der Psychiatrie, der behauptete, er sei Jesus …«). Ob dieses Interesse eine Woche später noch gilt, ist fragwürdig. Überdies können die Fragen zu weit von dem Kern des Themas wegführen. Wieder andere melden sich nur, weil man halt »punktet«, wenn man sich meldet, obwohl sie gar keine wirkliche Frage haben. Dabei gibt es dann immer Schüler, die Fragen nennen, von denen sie denken, dass es die Fragen sind, die die Lehrkraft wohl interessieren würden. Wieder andere sagen gar nichts, weil ihre Frage viel zu persönlich ist und sie sich damit bloß-stellen würden. Kurz: Auch wenn die Absicht, zu wissen, was gemacht worden ist und was dran kommen sollte, an sich richtig ist, muss die Form sehr gut gewählt werden.

Auch bei der Methode der Bearbeitung von »komplexen Anforderungssituationen« können Fehler gemacht werden. So kann die Lehrkraft eine »komplexe Anforderungssituation« konstruieren, von der sie meint, dass diese das Thema umfassend erschließt und fast alle existenziellen und gesellschaftlichen Herausforderungen aufnimmt. Beim Thema Christologie wäre dies z. B. folgende: »In Ihrer Klasse wollen drei Schüler an Karfreitag eine Party feiern. Zwei andere Schüler meinen, dass das doch nicht geht, weil an dem Tag daran erinnert wird, dass Jesus stellvertretend für unsere Sünden gestorben ist.« Um diese komplexe Anforderungssituation befriedigend zu bearbeiten, muss man tatsächlich sehr viel von Jesus und von der Christologie verstanden haben. Die hier zu vermeidende Klippe ist aber, dass es sein kann, dass in der Klasse niemand auf die Idee käme an Karfreitag eine Party zu machen, weil alle das unpassend fänden. Umgekehrt kann es sein, dass die Fragestellung für keinen der Schüler ein Problem ist, weil alle meinen: »Das muss doch jeder selbst wissen«. In beiden Fällen hat die Anwendungssituation keinen Bezug zu ihrer Lebenswirklichkeit und der Unterricht wird keine Kompetenzen fördern.

Es ist darum für einen dialogischen und kompetenzorientierten RU, bei dem ich möchte, dass die Schüler mit ihrem Wissen wirklich etwas anfangen können, unabdingbar, die Lernausgangslage sehr sorgfältig zu eruieren: Wo kann ich andocken? Was ist schon bekannt? Wo sind Lücken? Was sind die wirklichen Fragen der Schüler? Mit dieser Analyse kann der Unterricht strukturiert werden oder kann eine Anwendungssituation gewählt werden, die nah an die Lebenswelt der Schüler anschließt.

In diesem Beitrag wird nun versucht am Thema Christologie zu zeigen, wie das Zusammenbringen von Schülerfragen, Thema (Kerncurriculum) und Herausforderungen in der pluralen Welt gelingen kann.

In drei Schritten nach Jesus Christus fragen

Beim Thema Christologie bzw. »Jesus als der Christus« bietet es sich an, mit Jesusbildern zu arbeiten. Das Bild, das die Schüler von Jesus haben, muss ihnen irgendwann vermittelt worden sein.[124] Während junge Menschen beim Wort »Gott« sehr unterschiedliche bildliche und nicht-bildliche Assoziationen haben, müssen irgendwelche Bilder von Jesus ins Gehirn eingepflanzt worden sein: die Kees de Kort-Bilder im Kindergottesdienst, die Ausmalvorlagen in der Grundschule, die Abbildungen in der Kinderbibel, die Kreuzesdarstellung in der Ortskirche, die Bilder aus Jesus-Filmen und so weiter.

Der erste inhaltliche Schritt der ersten Doppelstunde am Anfang der Reihe zu Jesus Christus ist darum, nach dem eigenen Jesusbild als Kind zu fragen. Die Frage wird eingeleitet mit einer kleinen Phantasiereise: »Sie sind 6 Jahre alt, haben eine Schultüte in der Hand, den schweren Ranzen auf, die Stühle und Bänke in der Schule sind ganz groß, Sie kommen noch nicht ganz mit den Füßen an den Boden, es gibt viele unbekannte Kinder in der Klasse, die Religionslehrerin hat von Jesus erzählt, sie zeigte Bilder und Sie mussten vielleicht ein Bild ausmalen. Welches Bild von Jesus hatten Sie?«

Dann bekommen die Schüler ein Blatt (M 1), das sie in drei Teile – wie für einen Längsumschlag – falten. Im ersten Drittel schreiben sie ihre kindliche Vorstellung von Jesus auf. Anschließend werden die Schüler aufgefordert, ihre Vorstellung in der Klasse zu erzählen.

---

124 Büttner, G./Thierfelder, J., Trug Jesus Sandalen? Kinder und Jugendliche sehen Jesus Christus. Göttingen 2001, 10 f.

Nachdem einige berichtet haben, überschneiden sich die Antworten sehr und es können nur noch einige Ergänzungen genannt werden. In diesem Klassengespräch wird z. B. schnell klar, dass Jesus Sandalen trug, einen weißen Mantel hatte, einen Bart und wallende Haare, dass er immer sehr weise und sehr freundlich war. Dieser erste Austausch kann Anlass sein zu erklären, dass wir kein ursprüngliches Porträt von Jesus besitzen und dass sogar in der Bibel keine Personenbeschreibung von Jesus vorhanden ist. Jedes Jesusbild sagt eher etwas über die Zeit des Entstehens und über die Absichten des Malers aus als über Jesus selbst. So wurden Sandalen in römischer Zeit eher von Soldaten oder von der Oberschicht getragen. Wenn man ihn Sandalen tragen lässt, deutet dies auf seine hohe Stellung hin. Dass Jesus wirklich Sandalen trug, ist unwahrscheinlich. Der weiße Mantel deutet auf das griechische Philosophengewand hin. Einfache Fischer, Bauern oder Handwerker (so wie Jesu leiblicher Vater) trugen keine weißen Gewänder. Der halblange Bart will Jesus eher mit der Gottesvorstellung aus dem Buch Henoch in Verbindung bringen als mit jüdischen Menschen vor 2000 Jahren. Wallende blonde Haare trafen vor allem den westeuropäischen Geschmack aus dem 19. Jahrhundert usw.

Der zweite Schritt ist, dass die Schüler aus einer großen Anzahl Kopien von Jesusdarstellungen eine aussuchen, die sie am meisten anspricht. In der Mitte des Klassenraums sind dazu einige Tische zusammengeschoben. Die Schüler laufen herum und wählen so eine Abbildung aus. Danach folgt wieder eine Erzählrunde. Jetzt kommen alle dran. Schnell wird klar, wie weit die Vorstellungen der Schüler auseinander gehen können und wie sehr sie sich doch vom anfänglichen kindlichen Jesusbild entfernt haben. Auch hier spiegeln die favorisierten Bilder die eigenen Wünsche und Idealvorstellungen wider. Einerseits verunsichert dies die Schülerschaft (wie weit tragen die eigenen Bilder und Vorstellungen?), andererseits informiert es sie über die doch sehr subjektiven Ansichten der anderen Schüler.

Nun kommt der entscheidende dritte Schritt, der aber durch die ersten zwei Schritte eingegrenzt und fokussiert wurde. Bewusst umständlich formuliert, wird nun ganz persönlich gefragt: »Was ich schon länger über Jesus Christus wissen wollte, mich bis jetzt noch nicht so zu fragen traute, aber in diesem Kurs endlich mal beantwortet haben möchte.« Wichtig ist, den Schülern zu versichern, dass ihre

Fragen vertraulich aufgenommen werden, sie nicht mit Namen veröffentlicht werden und es nicht um eine Beurteilung geht.

Was wollen Schüler wirklich über Jesus Christus wissen?

In den letzten zwei Durchgängen meiner Kurse in einem Gymnasium in Frankfurt (52 Schüler in den Jahren 2008 und 2011) wurden (ungekürzt) folgende Fragen formuliert:

- Hat Jesus – wissenschaftlich gesehen – wirklich existiert?
- Wo genau liegt die Grenze zwischen Realität und Fiktion in Bezug auf Jesus Christus?
- Welche Fakten gibt es über sein Leben auf wissenschaftlicher Ebene?
- Darf man sich überhaupt laut Christentum ein Bild von ihm machen?
- Ist es wirklich wichtig, genau zu wissen, wie Jesus ausgesehen hat? Ist es nicht besser, einfach für sich zu wissen, an wen man glaubt?
- Wie ist er wirklich gewesen? Dazu die chronologische Zeitabfolge.
- Wie kann Maria von Gott schwanger werden?
- Wie kann es sein, dass ein so kleiner Mensch (Jesus als Baby), der gerade erst geboren wurde, schon solch eine Bedeutung hat und so viel Aufmerksamkeit bekommen hat?
- Warum ist Maria noch Jungfrau?
- Was passierte mit Jesus, als er in seinen jungen Jahren von der Bildfläche verschwand? Weder Bibel noch Wissenschaft geben dazu Auskunft!
- Hatte Jesus eine Ehefrau/Freundin oder nicht? Warum ist nichts über sie bekannt?
- Hatte Jesus Kinder?
- Was war mit Jesus und Maria Magdalena?
- Hatte Jesus Affären?
- Wie war sein privates Leben, hatte er Freundinnen außer seinen Jüngern?
- Wie war es mit Jesu Sexualität?
- Inwiefern ist es wahrscheinlich, dass es stimmt, was in einigen Bestsellern versucht wird zu beweisen, nämlich dass Jesus verheiratet war und ähnliche Gerüchte/Vermutungen?
- Hatte Jesus einen Beruf?
- Was hat Jesus eigentlich in seiner Freizeit gemacht?

Christologie als strukturierendes Element in der Oberstufe

- Wie war Jesu Beziehung zu den Frauen?
- War er verheiratet? Hatte er Familie?
- Hatte er Sex?
- Hatte er Kinder?
- Warum kommt erst jetzt der Gedanke auf, dass es auch Jüngerinnen gegeben haben könnte?
- Warum sprach Jesus in Gleichnissen?
- Was hat Jesus eigentlich gemeint mit dem »Reich Gottes«?
- Was hat Jesus zu Lebzeiten überhaupt gelehrt? Welche Bedeutung hat das damals und heute?
- Wieso ist Jesus, als einfacher Mann, so bekannt geworden?
- Ist er wirklich Gottes Sohn?
- Wie hat er es geschafft, obwohl er halb Mensch war, nie in Versuchung zu kommen und den Mann Gottes durchzuziehen?
- Wie ist es möglich, dass er als Einzelner mit einem doch erst mal abstrakten und radikalen Inhalt so viele Anhänger um sich versammeln konnte?
- Wie kann ich Jesu Wunder verstehen?
- Hat Jesus schon in seiner Kindheit Wunder vollbracht?
- Hatte Jesus magische Kräfte?
- Sind Wunder realistisch?
- Sind die Wunder nur hellenistische Kopien?
- Hatte Jesus schon immer göttliche Gaben oder erhielt er diese erst als er erwachsen war? War Jesus in Wirklichkeit mehr oder weniger ein Sektenführer oder leicht verrückt?
- Wer ist Schuld am Tod Jesu?
- Hängt Gott am Kreuz?
- Wie ist Jesus zu dem geworden, was er war, als er starb?
- Ist Jesus den Märtyrertod gestorben, weil er vielleicht an Bekanntheit und Ruhm gewinnen wollte? Es ist doch die Frage, ob Jesus auch so bekannt geworden wäre, wenn er ganz normal gestorben wäre.
- Ist er wirklich gekreuzigt worden?
- Welche Möglichkeiten hat ein Mensch eine Kreuzigung zu überleben?
- Wäre Jesus ohne Kreuz genauso berühmt geworden?
- Wieso ist Jesus am Kreuz gestorben, obwohl Gott dies doch hätte verhindern können?

- Was kann ich mir bei »Auferweckung« denken?
- Wie war das wirklich mit der Auferstehung?
- Kann man Jesus mit Gott vergleichen?
- Ist er wirklich Gottes Sohn?
- Was macht ihn besonders?
- Ist er Gott?
- Muss man an ihn glauben?
- Ist er für unsere Sünden gestorben?

Fragen bestimmen die Kursplanung

In der zweiten Doppelstunde bekommt der Kurs dann eine vorläufige Übersicht über die Kursplanung (M 2). Hier werden einerseits die Anforderungen für das schriftliche Abitur (Hessen) genannt (der sog. Einführungserlass), andererseits die Schülerfragen *(in kursiv; oft etwas komprimiert und zusammengefasst)* den Themen zugeordnet. In der dritten Spalte stehen die Seiten des Buches (Religionsbuch Oberstufe, Cornelsen, 2006), auf die sich das Thema bezieht, in der letzten Spalte die Arbeitsblätter. Wenn am Ende einer Doppelstunde doch noch einiges unbesprochen blieb, kann auf die Seiten im Buch verwiesen werden. Die Schüler haben so maximale Transparenz über den Kurs und wissen, ob ihnen Unterlagen fehlen. Meistens wird in der Hälfte des Kurses noch eine überarbeitete Fassung dieses Curriculums ausgeteilt, weil die Planung umgestellt wurde.

Nachdem die Kursplanung präsentiert wurde, frage ich nach, ob ich noch Schülerfragen übersehen habe – dies ist selten der Fall – und weise darauf hin, dass sie selbst Anwalt für ihre Frage sind. Wenn die Frage noch nicht befriedigend besprochen wurde, sollten sie sich melden. Zudem reserviere ich am Ende des Kurses noch eine Doppelstunde für Restfragen und Aspekte, die im Laufe der Reihe noch hätten aufgegriffen werden müssen.

In der nächsten Doppelstunde werden die außerbiblischen Quellen über Jesus untersucht: Flavius Josephus, Tacitus, Plinius. Ein Vergleich der Evangelienanfänge hilft die Fragen zu Jesu Geburt zu beantworten. Die vielen »kleinen Fragen« zu Jesus sollen die Schüler selbst anhand der Bibel untersuchen (M 3). Danach steht vor allem die Botschaft Jesu (Reich Gottes, Gleichnisse, Bergpredigt) im Zentrum.

Fragen an Markus

Der zweite Zugang zur Lernausgangslage, der zudem stark Inhalte zu Jesus Christus vermittelt, ist das Schreiben eines »Kommentars« zum Markusevangelium. Es ist davon auszugehen, dass das Wissen der Schüler über Jesus Christus sehr fragmentarisch ist. Sie kennen – wenn man Glück hat – die Weihnachtsgeschichte, einige Wunder, das Gleichnis vom Verlorenen Sohn oder Barmherzigen Samariter und die Erzählung von Kreuz und Auferstehung. Wie diese Geschichten zusammenhängen, welche Chronologie der Evangelist Markus angelegt hat, was er mit dem Evangelium bewirken wollte, ist den Schülern weitgehend unbekannt. Dieses »Urdokument« des Christentums und damit der europäischen Kultur einmal gelesen zu haben, kann für Gymnasiasten eigentlich zur Bedingung erhoben werden. Sie nach ihren Leseerfahrungen zu fragen und wiederum eigene Fragen notieren zu lassen, hilft, den Unterricht auch weiter nah an der Schülerschaft zu gestalten (M 4). Die Beurteilung geschieht nach dem Formular (M 5), auf dem ich als Lehrkraft persönliche Fragen beantworte. Hier ist es immer wieder auffällig, dass die echten religiösen Schülerfragen höchst privat und heikel sind. Authentizität von Schülern und Lehrern bewegt sich im Unterricht nicht außerhalb des eigenen Rollenverständnisses: Sie fragen als Schüler, ich antworte als Lehrer. Wie bei Jesus und Nikodemus (Joh 3,1–21) findet das echte religiöse Gespräch nur »nachts« und »jenseits der Rollen« statt. Darum kann man authentische Fragen eher anonym und schriftlich beantworten. Das Wesentliche passiert in der Peergroup und nicht im Klassenzimmer!

Die allgemeineren Fragen, die zum Markus-Evangelium von vielen gestellt wurden, werden in den nächsten Unterrichtsstunden generalisiert thematisiert: z. B. das Messiasgeheimnis, die Frage nach Wundern, die Verfluchung des Feigenbaumes, die Hoheitstitel usw. Kreuz und Auferstehung sowie die christologischen Fragen (Markus eher von unten, andere Evangelisten und Paulus eher von oben) bilden dann den roten Faden in der zweiten Hälfte des Kurses.[125]

Auch wenn zum Schluss nicht alle Fragen bis in die Tiefe besprochen werden können, garantiert diese Arbeitsweise, dass der Kurs nah an den Schülern bleibt!

---

125 Dam, H., Christologie von oben und von unten. In: Dam, H. et al., Aktiv in der Gemeinde. Schönberger Hefte 1/2 2012. Göttingen 2012, S. 34–38.

Materialien

M 1 – In drei Schritten zu meinen Fragen zu Jesus Christus

Falten Sie das Blatt in drei Teile. Sie bestimmen die drei Schritte in dieser ersten Stunde.

---

1. Welches Bild haben Sie als Kind von Jesus vermittelt bekommen?

---

2. Sie haben aus den vielen Bildern von Jesus Christus eins herausgesucht, das Sie irgendwie angesprochen hat. Warum haben Sie gerade *diesen* Jesus gewählt?

---

3. Was ich schon länger über Jesus Christus wissen wollte, mich bis jetzt noch nicht so zu fragen traute, aber in diesem Kurs endlich mal beantwortet haben möchte:

(Die Ergebnisse werden nicht bewertet, sind nur mir bekannt und werden vertraulich behandelt)

Name: ....

M 2 – Curriculum Jesus Christus nachfolgen

Die verbindlichen Kompetenzumschreibungen des Landesabiturs Hessen (Einführungserlass 2013) lauten:

Die neutestamentliche Überlieferung von Jesus als dem Christus
- Die Prüflinge können biblische Texte, die grundlegend sind für das Verständnis von Jesus Christus, sachangemessen auslegen.
- Sie können die Person des Jesus von Nazareth, sein Reden und Tun, sowohl vor dem jüdischen Hintergrund verstehen als auch in die soziale und politische Situation seiner Zeit einordnen.
- Sie können erläutern, dass es bei Aussagen über Jesus Christus um nachösterliche Deutungen geht.
- Sie können zu Aussagen der Bergpredigt und zu Aspekten ihrer Deutung begründet Stellung beziehen.
- Sie können die Botschaft Jesu vom Reich Gottes anhand ausgewählter Gleichnisse erläutern.
- Sie können erläutern, wie Christinnen und Christen von Jesu Botschaft bestimmt wurden und werden.

Tod und Auferweckung
- Sie können darlegen, dass das biblische Zeugnis von der Auferweckung Jesu Christi den christlichen Glauben begründet.
- Sie können Deutungen von Tod und Auferstehung in den Evangelien analysieren und theologische Argumentationen zu diesem Thema vergleichen und bewerten.

Jesus Christus und die Kirche
- Die Prüflinge können sich mit der Frage, inwiefern die Kirche in der Nachfolge Jesu Christi steht, auseinander setzen.

Doppelst.	Inhalt (Plus Eure Fragen in kursiv hier erwähnt!)	U-Material	Buch Seite
1/2	Mein Jesusbild als Kind/Mein Jesusbild jetzt/Welche *Fragen* klären? Leseauftrag: Mk-Evangelium	Blatt 1 Blatt 2	178– 180
3/4	Was wissen wir von Jesus aus außerbiblischen Quellen? Flavius Josephus; Tacitus; Plinius. *Hat Jesus – wissenschaftlich gesehen – wirklich existiert? Fakten! Chronologie seiner Entwicklung*		188– 189
5/6	(Erinnerung: Zwei-Quellen-Theorie). Wie fängt die Geschichte von Jesus an? Vergleich Evangelien-Anfänge. *Wieso kann Jesus als Baby schon so viel Bedeutung haben? Warum ist Maria noch Jungfrau?*	Blatt 3 (Blatt 3 A, Gr.)	(113– 115)
(7/8)	Studienfahrt Kloster Marienstatt		
9/10	Vgl. Jesus und Weihnachtsgeschichte im Koran. Jesu Geburtsdatum und Geburtsort. Jesus und die Frauen, Familie. *Wie war Jesus Beziehung zu den Frauen? War er verheiratet? Hatte er Sex? Hatte er Kinder? Warum erst jetzt Informationen über Jüngerinnen?*	Blatt 4 Blatt 5	185– 190
11/12	Das Gleichnis der Arbeiter im Weinberg (Mt 20,1–7). Umwelt Jesu. *Wie ist es möglich, dass er als Einzelner mit einem erst mal abstrakten und radikalen Inhalt so viel Anhänger um sich versammelt?*	Blatt 6	195
13/14	Reich-Gottes-Gleichnisse des Verlorenen (Lk 15). Gruppen um Jesus. *Was hat er überhaupt gelehrt? Welche Bedeutung hat das?*		191– 195
15/16	Bergpredigt. Wie ist Feindesliebe möglich? *N.B. vor den Herbstferien »Markus-Kommentar« fertig!*	Blatt 7	
	Herbstferien		

Christologie als strukturierendes Element in der Oberstufe

Doppelst.	Inhalt (Plus Eure Fragen in kursiv hier erwähnt!)	U-Material	Buch Seite
17/18	Fragen zum Markus-Evangelium (Hoheitstitel) *Hatte Jesus schon immer göttliche Gaben oder erhielt er diese erst als er erwachsen war? War Jesus in Wirklichkeit mehr oder weniger ein Sektenführer oder leicht verrückt?*		115, 184
19/20	Was wundert wen? HA: Blatt 9 *Hat Jesus schon in seiner Kindheit Wunder vollbracht? Hatte Jesus magische Kräfte?*	Blatt 8	202–206
21/22	Kreuz und Auferstehung in synoptischem Vergleich. *Starb Jesus den Märtyrertod um Bekanntheit und Ruhm zu erlangen? Ist er wirklich gekreuzigt worden? Wie überlebt ein Mensch eine Kreuzigung? Wäre Jesus ohne Kreuz genau so berühmt?*	Blatt 9	176–177 207–210
23/24	Musste Jesus für uns sterben? *Wieso ist Jesus gestorben, obwohl Gott dies doch hätte verhindern können?*	Blatt 10	
25/26	Christologische Modelle: »von oben« und »von unten«! *Wie war es wirklich mit der Auferstehung? Kann man Jesus mit Gott vergleichen? Ist er wirklich Gottes Sohn? Wie hat er es geschafft, obwohl er halb Mensch war, nie in Versuchung zu kommen und den Plan Gottes durchzuziehen?*	Blatt 11 A & B	181–184 210–214
27/28	Klausur: Kompetenzformulierungen 1 und 2. (3 kommt in Q4[2?])		
29/30	Klausur besprechen/Restfragen		
	Weihnachtsferien		
31–34	Januar: Betriebspraktikum. Q2 beginnt im Februar		

M 3 – Kleine Fragen zu Jesus. Ein Suchauftrag in der Bibel

Wie war Jesu Beziehung zu den Frauen? War er verheiratet? Hatte er Sex? Hatte er Kinder? Warum reden wir erst in letzter Zeit von Jüngerinnen?

Wählen Sie eine der vier Fragen:
1. *Wie war Jesu Beziehungen zu den Frauen?*
   - Mk 5,25–34
   - Mk 7,24–30
   - Mk 14,3–9/Joh 12,1–3
   - Joh 11,1–6/Lk 10,38–42

2. *Wie war seine Beziehung zu Maria Magdalena? War er verheiratet? Hatte er Sex?*
   - Joh 19,25–27
   - Mk 16,9–11/Joh 20,1–20

(Sex ist kein Tabu-Thema in der Bibel: Gen 19,30–38. Zu Jesus aber nichts!)

3. *Hatte Jesus Geschwister?*
   - Mk 3,31–33
   - Mk 6,1–6/Mt 13,53–58
   - Apg 1,10–14

4. *Was wird über Jüngerinnen geschrieben?*
   - Mk 15,39–41
   - Lk 8,1–3
   - Röm 16,1–7 (Junias = Junia!) und 15

M 4 – Leseauftrag Markusevangelium

Wir haben schon im letzten Jahr im Religionsunterricht gelernt, dass das Markus-Evangelium die älteste »Gute Nachricht« über Jesus von Nazareth ist. Es wurde ca. 70 nach Christus von einem zum Christen gewordenen Juden namens Johannes Markus geschrieben, so die alte christliche Überlieferung. Die Zielgruppe, für die Markus schrieb, waren somit wahrscheinlich die Juden-Christen, die Jesus nicht mehr selbst gekannt hatten. Markus schrieb in »koiné-griechisch« (vgl. heute »international english«) und wollte auf diese Weise die Menschen von der Bedeutung Jesu überzeugen und gleichzeitig zuverlässige Information über Jesus weitergeben, auch um der wachsenden Zahl von Legenden etwas entgegen zu setzen.

Ein »eu-angelion« (Gute Nachricht) ist eine eigene von Markus dazu neu geschaffene, bis da nicht vorhandene Gattung. Er wollte keinen historischen Tatsachenbericht, keine Poesie (Psalmen), kein Heldenepos (nach griechischem Muster) schreiben, sondern ein kleines Buch, das »eine-Geschichte-die-gut-tut« weitergeben möchte. Mit seinen etwas über 20 Seiten in der Luther-Bibel ist dieses Büchlein die Basis für die anderen Evangelien gewesen. Vor allem Matthäus und Lukas haben große Teile von Markus übernommen. So bilden diese paar Seiten die wichtigste Basis unserer Informationen über diesen Jesus, den die ersten Christen den »Christos« (Gesalbter, Heilbringer) nannten. Dieses Evangelium bildet damit die Grundlage des Christentums und die sollte man irgendwann einmal als Ganzschrift gelesen haben!

Dabei geht es uns noch nicht um genaue Exegese von einzelnen Perikopen (wie geübt in E 2), sondern nur um Schritt I des hermeneutischen Zirkels!

Der Leseauftrag verläuft in zwei Phasen:
1. Lesen Sie bitte den ganzen Text in einem Stück durch, als ob es ein Krimi oder Roman sei. Dies dauert vielleicht etwa 1,5 Stunden. Die sog. »Gute Nachricht Bibel« in heutigem Deutsch (Deutsche Bibel Gesellschaft, Stuttgart 2000 ISBN 3–438–01672–9) macht dies möglich. Sie sollten sich, wenn Sie Abitur in Evangelischer Religion machen wollen, diese obengenannte Bibel anschaffen. Notieren Sie anschließend für sich in Stichworten Ihren Eindruck (positiv ist …; negativ ist …; unverständlich ist …; faszinierend ist …; usw.).

2. Lesen Sie den Text ein zweites Mal durch, nun aber genauer und kritischer. Anschließend schreiben Sie auf ca. drei Din-A-4-Seiten (nicht handschriftlich!) Ihren »Kommentar« zum Markus-Evangelium:
   - Was hat mir am meisten eingeleuchtet, ist mir positiv aufgefallen, hat mich emotional berührt?
   - Ist es eine Geschichte, die mir gut tut?
   - Was ist unverständlich und rätselhaft geblieben bzw. was hat mich verwirrt, aufgeregt, böse gemacht, abgestoßen usw. und warum?
   - Inwiefern ist es Markus gelungen, die Leserinnen und Leser davon zu überzeugen, dass Jesus der »Christos« ist?

Vor den Herbstferien, doch spätestens am .... erhalte ich Ihren »Markus-Kommentar«.

Er wird beurteilt, ersetzt eine Klausur und zählt mit 35 % in die schriftliche Note ein. Ich beurteile, ob und wie Sie den Auftrag ernst genommen haben, nicht Ihren Glauben. Kriterien sind Umfang, Aufbau, inhaltliche Qualität, Originalität und Layout. Auf ganz persönliche Fragen bekommen Sie schriftlich eine persönliche Antwort. Ihr Kommentar wird nicht veröffentlicht. Die allgemeinen Anfragen werden als Themen »generalisiert« in den Unterrichtsstunden angesprochen.

Ich wünsche Ihnen viel Erfolg mit diesem (nicht so leichten) Auftrag.
Harmjan Dam.

Christologie als strukturierendes Element in der Oberstufe 157

M 5 – Beurteilungsformular zum Leseauftrag Markus-Evangelium

Schüler: _____

	Sehr gut (15)	Gut (12)	Befriedigend (9)	Ausreichend (6)	Mangelhaft (4)	Ungenügend (1)
Umfang/ Aufbau						
Tippfehler/ Grammatikalische Fehler						
Inhaltliche Qualität 1: Fachsprache						
Inhaltliche Qualität 2: Genau/ Fehlerfrei						
Originalität/ Authentizität						
Summe						

Punktzahl: .... (:5) = Note:

Meine Reaktionen auf Ihre Fragen:

Literatur

Albrecht, M., Vom Kreuz reden im Religionsunterricht. Göttingen 2008.
Bastian, H.-D., Theologie der Frage. Ideen zur Grundlegung einer theologischen Didaktik und zur Kommunikation der Kirche in der Gegenwart. 2. Aufl. München 1970.
Becker, G. E., Durchführung von Unterricht. Handlungsorientierte Didaktik. Teil II. 8. Aufl. Weinheim 1998.
Beer, P., Die Frage im religionspädagogischen Kontext. München 1999.
Bloom, B. S./Engelhart, M. D./Furst, E. J./Hill, W. H., Taxonomy of educational objectives. Handbook I: The cognitive domain. New York 1956.
Brunner, A., Die Kunst des Fragens. 3. Aufl. München 2009.
Brüning, L./Saum, T., Erfolgreich Unterrichten durch Kooperatives Lernen. Strategien zur Schüleraktivierung 5. Aufl. Essen 2009.
Büttner, G., Die Rolle der Frage in der Kindertheologie. In: Lindner, H./Zimmermann, M., Schülerfragen im (Religions-)Unterricht – ein notwendiger Bildungsauftrag heute. Neukirchen-Vluyn 2011, 221–238.
Büttner, G./Thierfelder, J., Trug Jesus Sandalen? Kinder und Jugendliche sehen Jesus Christus. Göttingen 2001.
Cecil, N. L., Mit guten Fragen lernt man besser. Die besten Fragetechniken für den Unterricht. Mühlheim an der Ruhr 2007.
Comenius, J. A., Didactica Magna – Große Didaktik (1632 in böhmischer Sprache; 1657 in Latein). Übersetzt und herausgegeben von A. Flitner. Stuttgart 1992.
Commeyras, M./Sumner, G., Literature questions children want to discuss. What teachers and students learned in a second-grade classroom. In: Elementary School Journal 99/2 (1998), 129–152.
Copei, F., Der fruchtbare Moment im Bildungsprozess. Heidelberg 1955.
Dam, H., Christologie von oben und von unten. In: Schönberger Hefte 1 (2012), 34–36.
Dehne, B., Schülerfragen als konstitutives Element des Geschichtsunterrichts. In: Geschichte in Wissenschaft und Unterricht 51 (2000), 661–680.
Dillon, J. T., Questioning and teaching. New York 1988.
Duncker, L., Vom Ursprung des Philosophierens – Kinderfragen in anthropologischer Sicht. In: Ders./Nießeler, A. (Hg.), Philosophieren im Sachunterricht. Imagination und Denken im Grundschulalter. Münster 2005, 13–28.
Ebach, J., Was bei Micha »gut sein« heißt. In: BiKi 51 (1996), 172–181.
EKD (Hg.), Kerncurriculum für das Fach Evangelische Religionslehre in der gymnasialen Oberstufe. Themen und Inhalte für die Entwicklung von Kompetenzen religiöser Bildung. EKD-Texte 109. Hannover 2010.
EKD (Hg.), Maße des Menschlichen. Evangelische Perspektiven zur Bildung in der Wissens- und Lerngesellschaft. Eine Denkschrift. Gütersloh 2003.

Evangelische Kirche Berlin-Brandenburg und schlesische Oberlausitz (Hg.), Rahmenlehrplan für den Evangelischen Religionsunterricht in den Jahrgangsstufen 1 bis 10. Berlin 2010.
Fischer, M., Die Erhebung der Lernausgangslage. Fundament des kompetenzorientierten Religionsunterrichts. In: Schönberger Hefte 2 (2011), 23–26.
Freese, H.-L., Abenteuer im Kopf. Philosophische Gedankenexperimente. 2. Aufl. Weinheim/Berlin 1996.
Freudenberger-Lötz, P., Theologische Gespräche mit Jugendlichen. München 2012.
Frey, J., Probleme der Deutung des Todes Jesu. In: Frey, J./Schröter, J. (Hg.), Deutungen des Todes Jesu im Neuen Testament. Tübingen 2007.
Gaarder, J., Sofies Welt. Roman über die Geschichte der Philosophie. München/Wien 1993.
Good, T. L./Slavings, R. L./Harel, K. H./Emerson, H., Student passivity. A study of question asking in K-12 classroom. In: Sociology of Education 60/7 (1987), 181–199.
Götz, M., Weiß die Ameise, daß sie Ameise heißt? Überlegungen zur pädagogischen und didaktischen Bedeutung von Kinderfragen im Sachunterricht. In: Grundschule 23/11 (1991), 51–54.
Graesser, A. C./Person, N. K., Question asking during tutoring. In: American Educational Research Journal 31/1 (1994), 104–137.
Grell, J., Techniken des Lehrerverhaltens. 8. Aufl. Weinheim 1978.
Halbfas, H., Der Sprung in den Brunnen. Eine Gebetsschule. 11. Aufl. Düsseldorf 1992.
Handke, P., Die Kunst des Fragens. Frankfurt am Main 1994.
Handreichungen zum neuen Lehrplan Evangelische Religionslehre (Primarstufe) in NRW. Erarbeitet von der Projektgruppe Handreichungen. Düsseldorf Medienverband der Evangelischen Kirche im Rheinland 2008.
Helmke, A., Unterrichtsqualität und Lehrerprofessionalität. Diagnose, Evaluation und Verbesserung des Unterrichts. Seelze-Velber 2009.
Herbart, J. F., Sämtliche Werke. Hg. von K. Kehrbach und O. Flügel. 2. Nachdruck der Ausgabe 1887–1912. Aalen 1989.
Hildesheimer, W., Tynset. Frankfurt am Main 1967.
Holder, C., Wer nicht fragt … Wie kann man Fragen von Kindern sinnvoll aufgreifen. In: Grundschule 3 (2008), 12–21.
Horstmann, Kai, Wer, wie, was – wieso, weshalb, warum – wer nicht fragt, bleibt … Theologie und Didaktik der Frage 1.2.1. In: Theo-Web. Zeitschrift für Religionspädagogik 11 (2012), 193–211.
Horstmann, M., Das Diakonische entdecken. Didaktische Zugänge zur Diakonie. Veröffentlichungen des Diakoniewissenschaftlichen Instituts an der Universität Heidelberg Bd. 46. Heidelberg 2011.
Huppenbauer, T. et al., Für uns gestorben. Deutungen des Todes Jesu im Neuen Testament für die Sek. II. In: entwurf 2 (2005), 48–55.
Husmann, B., Pädagogische Perspektiven für die Begabungsförderung im Fach Evangelische Religion. In: Guttenberger, G./Husmann, B. (Hg.), Begabt für Religion. Religiöse Bildung und Begabungsförderung. Göttingen 2007, 120–135.

Itze, U./Plieth, M., Tod und Leben. Mit Kindern in der Grundschule Hoffnung gestalten. 2. Aufl. Donauwörth/Dortmund 2011.

Karg, I., Fragen und ihr kognitiv-kreatives Potential – Schülerarbeiten zu Ödön van Horváths Roman »Jugend ohne Gott«. In: Lindner, H./Zimmermann, M., Schülerfragen im (Religions-)Unterricht – ein notwendiger Bildungsauftrag heute. Neukirchen-Vluyn 2011, 73–88.

Klinzing, H. G./Klinzing-Eurich, G., Die Klarheit der Lehrerfrage. Auswirkungen eines Trainings von Fragen höherer Ordnung. In: Unterrichtswissenschaft 10/4 (1982), 313–328.

König, K., Was Schülerinnen und Schüler im Religionsunterricht gerne fragen würden. In: Lindner, H./Zimmermann, M., Schülerfragen im (Religions-)Unterricht – ein notwendiger Bildungsauftrag heute. Neukirchen-Vluyn 2011, 183–194.

Kremer, L./Perlberg, A., Der Einsatz von Microteaching-Techniken, um Lehrerstudenten darin auszubilden, wie man Schülerfragen anregt. In: Zifreund, W. (Hg.), Training des Lehrverhaltens und Interaktionsanalyse. Weinheim 1976, 394–406.

Kumlehn, M., Lebenskunst im Alter. Herausforderungen für (religiöse) Bildungsprozesse. In: Klie, T./Kumlehn, M./Kunz, R./Schlag, T. (Hg.), Lebenswissenschaft Praktische Theologie? Praktische Theologie im Wissenschaftsdiskurs, Berlin/New York 2011, 271–290.

Lachmann, R., Die Bedeutung der (Lehrer-)Frage im Kontext von Unterricht – ein geschichtlicher Rückblick. In: Lindner, H./Zimmermann, M., Schülerfragen im (Religions-)Unterricht – ein notwendiger Bildungsauftrag heute. Neukirchen-Vluyn 2011, 15–32.

Levin, A., Lernen durch Fragen. Münster 2005.

Lindner, H., »…wer nicht fragt, bleibt dumm!« – Religionspädagogische Untersuchungen zur Rolle der Fragekompetenz im heutigen Bildungsdiskurs. In: Lindner, H./Zimmermann, M., Schülerfragen im (Religions-)Unterricht – ein notwendiger Bildungsauftrag heute. Neukirchen-Vluyn 2011, 221–238.

Lindner, H./Zimmermann, M., Schülerfragen im (Religions-)Unterricht – ein notwendiger Bildungsauftrag heute. Neukirchen-Vluyn 2011.

Meij, H. van der, The great divide between teacher and student questioning. In: Karabenick, S. A. (Hg.), Strategic help seeking. Hillsdale 1998, 195–218.

Menzel, G., Praxis der Frage(-erziehung) im Religionsunterricht – empirische Befunde. In: Lindner, H./Zimmermann, M., Schülerfragen im (Religions-)Unterricht – ein notwendiger Bildungsauftrag heute. Neukirchen-Vluyn 2011, 195–207.

Meurer, T., Einführung in die Methoden alttestamentlicher Exegese. Münster 1999

Meyer, H., Unterrichtsmethoden. Band II Praxisband. 1. Aufl. Frankfurt am Main 1987.

Michalik, K., Waren Adam und Eva Vormenschen? – Zur Bedeutung philosophischer Fragen für den Unterricht. In: Lindner, H./Zimmermann, M., Schülerfragen im (Religions-)Unterricht – ein notwendiger Bildungsauftrag heute. Neukirchen-Vluyn 2011, 263–276.

Ministerium für Kultus, Jugend und Sport (Hg.), Bildungsplan Grundschule Baden-

Württemberg. Stuttgart 2004. Vgl. http://www.bildung-staerkt-menschen.de/service/downloads/Bildungsplaene/Grundschule/Grundschule_Bildungsplan_Gescant.pdf (31.07.2012).
Ministerium für Schule und Weiterbildung in NRW, Kernlehrplan evangelische Religionslehre. Düsseldorf 2008. Vgl. auch http://www.standardsicherung.schulministerium.nrw.de/lehrplaene/lehrplaene-gs/evangelische-religionslehre/(31.07.2012).
Müller, P., Schlüssel zur Bibel. Eine Einführung in die Bibeldidaktik. Stuttgart 2009.
Münnix, G., Anderwelten. Eine fabelhafte Einführung ins Philosophieren, Weinheim/Basel 2001.
Neber, H., Aktives Lernen durch epistemisches Fragen. Generieren versus Kontrollieren im Kontext des Geschichtsunterrichts. In: Zeitschrift für Pädagogische Psychologie 13/4 (1990), 71–80.
Neber, H., Förderung der Wissensgenerierung in Geschichte: Ein Beitrag zum entdeckenden Lernen durch epistemisches Fragen. In: Zeitschrift für Pädagogische Psychologie 10 (1996), 27–38.
Neber, H., Fragetraining und Wissenserwerb im Geschichtsunterricht. Trainingsformen, Testformate und geschlechterspezifische Differenzen. In: Hannover, B./Kittler, U./Metz-Göckel, H. (Hg.), Sozialkognitive Aspekte der Pädagogischen Psychologie. Bd. 1, Essen 1999, 98–113.
Niedersächsisches Kultusministerium (Hg.), Kerncurriculum für die Grundschule Schuljahre 1–4 Evangelische Religion. Hannover 2006.
Niegemann, H./Stadler, S., »Hat noch jemand eine Frage?« In: Unterrichtswissenschaft 29/2 (2001), 171–192.
Oberthür, R., »…wer nicht fragt, bleibt dumm!« Philosophieren mit Kindern als Impuls für den Religionsunterricht. In: KatBl 117 (1992), 783–792.
Oberthür, R., Kinder und die großen Fragen. Ein Praxisbuch für den Religionsunterricht. München 1995.
Oberthür, R., »Wieso heißt Gott Gott?« Philosophieren mit Kindern im Religionsunterricht. In: Schweitzer, F./Faust-Siehl, G. (Hg.), Religion in der Grundschule. Religiöse und moralische Erziehung. 2. Aufl. Frankfurt am Main 1995, 229–238.
Oberthür, R., Fragen und Nachdenken mit Kindern. Neue Impulse auf dem Weg zu einer »Religionspädagogik der Frage«. Aachen 1997 (= Religionspädagogische Arbeitshilfe 65).
Oberthür, R., Kinder fragen nach Leid und Gott. Lernen mit der Bibel im Religionsunterricht. 6. Aufl. München 2008.
Oberthür, R., Das Buch der Symbole. München 3. Aufl. München 2011.
Obst, G., »Anfangs habe ich gemurrt wie die Israeliten in der Wüste.« – Erfahrungen mit Bibellesetagebüchern (Sek II). In: entwurf 2/3 (2007), 46–48.
Obst, G., Kompetenzorientiertes Lehren und Lernen im Religionsunterricht. 3. aktual. Aufl. Göttingen 2010.
Olbrich, H., Abschied von Tante Sofia. 5. Aufl. Lahr 2011.
Orth, P., Neunzehn Regeln für ein gutes Klassengespräch. Das Klassengespräch als schwierige Lehr-/Lernform. In: Pädagogik 9 (1992), 44 ff.
Petermann, H. B., Der Mensch als Fragewesen. In: Lindner, H./Zimmermann, M.,

Schülerfragen im (Religions-)Unterricht – ein notwendiger Bildungsauftrag heute. Neukirchen-Vluyn 2011, 239–263.
Petzelt, A., Von der Frage. Eine Studie zum Begriff der Bildung. 2. Aufl. Freiburg i. Br. 1962.
Petersen, J./Ritscher, H., Unterrichten lernen. Praxisbeispiele für die Lehrerbildung. Donauwörth 1996.
Peterson, J./Sommer, H., Die Lehrerfrage im Unterricht. Ein praxisorientiertes Studien- und Arbeitsbuch mit Lernsoftware. Donauwörth 1999.
Popp, W., Wie gehen wir mit den Fragen der Kinder um? Erziehung zur Fraglosigkeit als ungewollte Nebenwirkung? In: Grundschule 21/3 (1989), 30–33.
Rauschenberger, H., Kinderfragen – Entwicklung, Bedeutung und pädagogische Hermeneutik. In: Zeitschrift für Pädagogik 31/6 (1985), 759–771.
Rieder, O., Die Entwicklung des kindlichen Fragens. München 1968.
Riedl, A., Grundlagen der Didaktik. Stuttgart 2004.
Riegel, E., Schule kann gelingen. Bonn 2004 (Bundeszentrale für politische Bildung Schriftenreihe Band 446).
Ritz-Fröhlich, G., Kinderfragen im Unterricht. Heilbrunn/Obb. 1992.
Rupp, H. (Hg.), Handbuch der Kirchenpädagogik. Stuttgart 2006.
Scholl, D./Plöger, W., Sinnvolles Lernen und Gesprächsführung. In: Lindner, H./ Zimmermann, M., Schülerfragen im (Religions-)Unterricht – ein notwendiger Bildungsauftrag heute. Neukirchen-Vluyn 2011, 111–124.
Sembill, D./Gut-Sembill, K., Fragen hinter Schülerfragen. Schülerfragen hinterfragen. In: Unterrichtswissenschaft 4 (2004), 321–333.
Sembill, D./Seifried, J., Schülerfragen – ein brachliegendes didaktisches Feld. In: ZBW 2 (2005), 229–245.
Sommer, H., Grundkurs Lehrerfrage. Weinheim/Basel 1981.
Teller, J., Nichts. Was im Leben wichtig ist. Deutscher Taschenbuch Verlag 2012.
Tilly, M., Fragen im Judentum. Ursprung und Ritualisierung. In: Lindner, H./Zimmermann, M., Schülerfragen im (Religions-)Unterricht – ein notwendiger Bildungsauftrag heute. Neukirchen-Vluyn 2011, 61–72.
Weber, P., Schüler fragen – Zur Beschreibung einer sprachlichen Handlung im Religionsunterricht. In: Lindner, H./Zimmermann, M., Schülerfragen im (Religions-)Unterricht – ein notwendiger Bildungsauftrag heute. Neukirchen-Vluyn 2011, 89–110.
Wirth-Uffelmann, V., Kooperatives Lernen im Religionsunterricht. In: forum religion 2 (2010), 2–4.
Zimmermann, M., Schülerfragenorientierte (Religions-)Didaktik – eine ernüchternde Bilanz. In: Lindner, H./Zimmermann, M., Schülerfragen im (Religions-)Unterricht – ein notwendiger Bildungsauftrag heute. Neukirchen-Vluyn 2011, 157–181.
Zimmermann, R., Fragen bei Sokrates und Jesus. Wege des Verstehens – Initiale des Weiterfragens. In: Lindner, H./Zimmermann, M., Schülerfragen im (Religions-)Unterricht – ein notwendiger Bildungsauftrag heute. Neukirchen-Vluyn 2011, 33–60.

Autorinnen und Autoren

Dr. Oliver Arnhold
ist Lehrer für Mathematik und Ev. Religionslehre am Christian-Dietrich-Grabbe-Gymnasium, Detmold; Fachleiter für Evangelische Religionslehre am Zentrum für schulpraktische Lehrerausbildung Detmold, Seminar Gymnasium/Gesamtschule; Dozent an den Universitäten Bielefeld und Paderborn mit den Lehrschwerpunkten: Religionspädagogik, Neuere kirchliche Zeitgeschichte.

Harmjan Dam
ist seit 1996 Studienleiter am Religionspädagogischen Institut der Evangelischen Kirche in Hessen und Nassau und u. a. für Fort- und Weiterbildung von Religionslehrer/innen am Gymnasium zuständig. Er ist Redaktor der »Schönberger Hefte« und Mitglied des Redaktionskreises der Zeitschrift »Religion 5–10«.

Christian Fabritz
ist Lehrer für Evangelische Religionslehre, Deutsch und Hebräisch am Ceciliengymnasium in Bielefeld, Fachleiter für Deutsch und Hauptseminarleiter am Zentrum für schulpraktische Lehrerausbildung Paderborn.

Angela Heidler
ist Pfarrerin an der Friedenskirche in Freiburg/Breisgau. Sie unterrichtet im Rahmen ihrer Pfarrstelle zur Zeit an einer Freiburger Grundschule und ist regelmäßig in der praktischen Ausbildung von Lehramtsstudierenden an der Pädagogischen Hochschule Freiburg im Fachbereich Ev. Religion tätig.

Dr. Bärbel Husmann
ist Lehrbeauftragte an der Leuphana Universität Lüneburg, Religionslehrerin und stellvertretende Schulleiterin am Gymnasium Meckelfeld in Seevetal. Sie ist Autorin und Herausgeberin zahlreicher religionspädagogischer Publikationen und Mitglied des Redaktionskreises der Zeitschrift »Religion 5–10«.

PD Dr. Gabriele Klappenecker,
z. Zt. Pfarrerin im Schuldienst am Friedrich-List-Gymnasium Asperg bei Ludwigsburg. Promotion 1996, im Anschluss Vikariat in Blumberg/Baden. 1998–2006 Wiss. Angestellte in Heidelberg und Münster. Habilitation 2006 in Evangelischer Religionspädagogik an der Pädagogischen Hochschule Heidelberg. Vertretungsprofessorin im SoSe 2011 an der Universität Siegen

Wolf Eckhard Miethke,
nach langjähriger Gemeindepfarrertätigkeit in Nordbaden inzwischen im 7. Schuljahr als Pfarrer im Schuldienst an der Kaufmännischen Berufsschule Lörrach als Religionslehrer tätig, dort unterrichtet er am Berufskolleg, der Berufsfachschule, der Berufsschule sowie dem Beruflichen Gymnasium (Wirtschaftsgymnasium).

Rainer Oberthür
ist stellv. Leiter des Katechetischen Instituts des Bistums Aachen, Dozent für Religionspädagogik, Lehrbeauftragter an der Bergischen Universität Wuppertal und Grundschullehrer.

Dr. Gabriele Obst
ist evangelische Theologin und arbeitet seit zwanzig Jahren als Religionslehrerin zunächst am Oberstufen-Kolleg in Bielefeld, jetzt am Evangelischen Gymnasium Nordhorn. Seit einem Jahr ist sie dort als Schulleiterin tätig. Das Evangelische Gymnasium Nordhorn ist kooperatives Mitglied des Kooperationsverbundes Begabtenförderung in Nordhorn.

Martina Plieth
Prof. Dr. habil. im Bereich Praktische Theologie – Schwerpunkte: Poimenik, Homiletik, Religionspädagogik und Thanatagogik, seit 2009 an der Universität Bielefeld mit dem Schwerpunkt Religionspädagogik. Unterricht an Grund- und Realschulen, Vorbereitung und Durchführung von schulpraktischen Studien und Schulpraktika.

Romy Tenge
ist Studiendirektorin am Ratsgymnasium Bielefeld mit den Unterrichtsfächern Deutsch, Katholische Religionslehre, Kunst und Pädagogik. Als Ausbildungskoordinatorin und Mittelstufenkoordinatorin beschäftigt sie sich mit Fragen der Schulentwicklung.

Prof. Dr. Mirjam Zimmermann
war viele Jahre Lehrerin für evangelische Religion und Deutsch, danach Fachleiterin am Studienseminar in Bad Kreuznach für Pädagogik und Deutsch. Seit 2011 arbeitet sie als Professorin für Religionspädagogik an der Universität Siegen, ist Herausgeberin der Zeitschrift »Deutsch betrifft uns«, Mitglied des Redaktionskreises der Zeitschrift »Religion 5–10«, external research collaborator of the Research Unit of the Faculty of Theology of the North-West University/Potchefstroom (Südafrika).